LECTURAS DIARIAS TOMADAS

DE

PienseMejor
VivaMejor

TÍTULOS EN ESPAÑOL POR JOEL OSTEEN

LECTURAS DIARIAS TOMADAS
DE

PienseMejor
VivaMejor

Joel Osteen

NEW YORK | BOSTON | NASHVILLE

Desarrollo literario por: Lance Wubbels Literary
Services, Bloomington, Minnesota.

This edition published by arrangement with FaithWords,
New York, New York, USA. All rights reserved.
FaithWords
Hachette Book Group
1290 Avenue of the Americas
New York, NY 10104
www.faithwords.com
twitter.com/faithwords

Impreso en los Estados Unidos de América

LSC-C

Primera edición: Junio 2017
10 9 8 7 6 5 4 3 2 1

FaithWords es una división de Hachette Book Group, Inc.
El nombre y el logotipo de FaithWords son una marca
registrada de Hachette Book Group, Inc.

International Standard Book Number: 978-1-4789-9188-5

Contenido

Introducción

La mente tiene un poder increíble sobre su triunfo o fracaso para llegar a ser todo aquello para lo que Dios lo creó. Todos tenemos nuestras propias luchas en la vida, y el primer paso para superar los problemas es deshacernos de los pensamientos negativos. Si no podemos tener pensamientos positivos, no podemos esperar tener una vida positiva, porque nuestros pensamientos determinarán la forma en que vamos a vivir. Cuando empezamos a pensar de manera positiva, cuando tenemos pensamientos llenos de fe, tenemos el poder interior que nos capacitará para ir más allá de lo ordinario y dirigirnos a la vida extraordinaria para la que fuimos diseñados.

Por esta razón, escribí mi libro *Piense mejor, viva mejor*. En él, revelo una estrategia sencilla—pero que cambiará su vida—para borrar los pensamientos que lo deprimen y para reprogramar su mente con pensamientos positivos a fin de alcanzar un nuevo nivel de victoria en cada área de su vida. Como hijo del Dios altísimo, usted está equipado para manejar cualquier cosa que encuentre en su camino. Para reclamar su destino, necesita empezar a pensar sobre sí mismo en la manera en que Dios lo ve, y a eliminar los pensamientos que destruyen su confianza.

Mi amigo, durante los próximos noventa días, usted irá, junto conmigo, en el mayor recorrido de su existencia y va a explorar diez claves poderosas para su vida:

1. Reprograme su mente
2. Quite las etiquetas negativas
3. Libere todo su potencial

6. La promesa está en usted
7. Pida en grande
8. Tiene todo lo necesario

4. Considérese triunfador	9. Retenga su corona
5. Lleno de posibilidades	10. Solo recuerde

Esta colección de noventa devocionales diarios contiene extractos de mi libro original que le ayudarán a entrenarse a sí mismo para silenciar la negatividad y sintonizarse en su llamado, a fin de que pueda empezar a vivir los planes maravillosos que Dios ha preparado para usted. Este devocional ofrece los mismos mensajes de ánimo positivos, inspiradores y que construyen su fe de *Piense mejor, viva mejor* distribuidos en dosis diarias y que incluyen una riqueza de escrituras de apoyo, historias selectas, oraciones y pensamientos diarios para que usted medite en ellos.

Espero que mis palabras y el resto del material en este devocional diario le animará en un proceso de reflexión que mejorará su manera de pensar y le ayudará a alcanzar un nivel nuevo de una vida mucho mejor.

Lecturas diarias de Piense mejor, viva mejor está dividido en diez secciones. Cada sección cubre una de las diez claves poderosas para mejorar su manera de pensar. El objetivo es que cada día, usted tome un tiempo breve para leer y reflexionar, para poner los eventos y las circunstancias de su vida en perspectiva y para recibir impulso mental, emocional y espiritual.

Cada una de las lecturas diarias fue escogida para enfatizar el hecho de que cuando pensemos mejor, abriremos brecha para avanzar en todo aquello que nos esté impidiendo recibir la vida abundante de Dios. He añadido varias herramientas para ayudarle a aplicar y poner en práctica la verdad que Dios quiere que usted sepa. Cada devocional diario incluye:

Una lectura bíblica sugerida: estos pasajes, a veces, se relacionarán directamente con el punto descrito o proveerán el trasfondo necesario para entender claramente la verdad para ese día. Leer estos pasajes selectos le ayudarán a beneficiarse completamente de este libro.

Versículo(s) clave: Un versículo bíblico que expresa específicamente el tema del devocional.

Un extracto devocional de *Piense mejor, viva mejor*: Una lección breve o historia que confío que le animará y motivará.

Oración para hoy: Una oración diaria que puede servirle como modelo para expresar en oración sus peticiones, deseos, gratitud y compromiso renovado con Dios. Siéntase en libertad de adaptar estas oraciones y hacerlas propias. Tenga una conversación personal con su Padre celestial.

Pensamiento para hoy: Estos puntos son para que usted los presente en oración después de cada lectura diaria. La Palabra de Dios nos dice que nuestros patrones de pensamiento se vuelven nuestros patrones de acción. La forma en que nos hablamos a nosotros mismos tiene gran influencia en nuestras acciones. Las secciones de *Pensamiento para hoy* tienen la intención de animarle a estar de acuerdo a lo largo del día con *lo que Dios piensa* de usted.

Al mantener el ritmo de *uno al día*, usted podrá terminar estas noventa lecturas en aproximadamente tres meses. A medida que ponga en práctica estos principios clave, su mente será transformada y renovada al permitir que la Palabra de Dios refresque y dé nueva forma a su pensamiento, forma de hablar y actividades diarias.

Su vida puede ser transformada. ¡Permita que hoy sea el día en que empiece la transformación!

PIENSE MEJOR VIVA MEJOR

REPROGRAME SU MENTE

Día 1

Usted tiene la programación correcta

Lectura bíblica: 2 Samuel 9

Pues como piensa dentro de sí, así es.

Proverbios 23:7, LBLA

Nuestra mente es como una computadora. Va a funcionar según la forma en que la programemos. Usted puede tener la computadora más poderosa que jamás se haya fabricado, el modelo más nuevo y veloz, con la máxima capacidad de memoria que exista, pero si instala el programa equivocado, no va a funcionar de acuerdo a su diseño. Todos hemos tenido que lidiar con los virus en las computadoras. Estos pueden ingresar en una computadora perfectamente funcional y empezar a contaminar sus programas. No pasa mucho tiempo antes de que la computadora se vuelva lenta, y luego, no puede tener acceso a sus archivos. Ninguno de estos problemas ocurre porque la computadora esté defectuosa o mal hecha. Los componentes de la computadora están bien. La razón es porque alguien reprogramó los programas. De alguna manera, el interior se averió. Ahora el programa está contaminado.

De manera similar, cuando Dios lo creó, Él dio un paso atrás y dijo: "Otra obra maestra". Sus componentes son perfectos. Tiene el tamaño correcto, la nacionalidad correcta y tiene los dones adecuados. No solo eso, Dios puso en usted el programa adecuado. Desde el principio, Él le programó para ser triunfador, sano, fuerte y creativo. Su programa original dice: "Todo lo puedes en Cristo". Él programó: "Todo lo que toques prosperará y tendrá éxito". Él

16

programó: "Eres cabeza y no cola. Darás en préstamo y no pedirás prestado. Eres triunfador y no víctima".

La razón por la que no siempre experimentamos esta vida abundante es porque hemos permitido que los virus contaminen nuestra programación. Nos decimos a nosotros mismos: "Nunca triunfaré. No tengo tanto talento". "Nunca romperé con esta adicción. La he tenido por mucho tiempo". "Soy muy lento, torpe y feo. No hay nada bueno en mi futuro". Ya que nuestro programa está infectado, andamos con baja autoestima, somos negativos, no creemos que nuestros sueños se harán realidad y no esperamos que los problemas se alejen.

Sin embargo, hay buenas noticias. No hay nada malo en usted. Tal como esa computadora, usted no es un error. No está defectuoso o descompuesto. El problema está en su programación. Tiene que deshacerse de los virus. Durante todo el día, permanezca en lo que su Creador dice de usted. "Soy bendecido. Soy fuerte. Estoy sano. Tengo confianza. Soy atractivo. Valioso. Triunfador". Tiene que volver a su programación original. Si su pensamiento es limitado, su vida será limitada. Cuando piense mejor, vivirá mejor.

ORACIÓN PARA HOY

Padre, gracias por crearme con el equipo perfecto. Tengo el tamaño correcto, la nacionalidad correcta y tengo los dones correctos y la programación correcta en mí. Declaro que tú me programaste para ser triunfador, sano, fuerte y creativo. En el nombre de Jesús. Amén.

PENSAMIENTO PARA HOY

Usted fue programado para vivir una vida abundante, victoriosa y llena de fe. Su programación original dice: "Todo lo puedes hacer en Cristo". Esa es la forma en que su Creador lo diseñó.

Día 2

Aprenda a usar la
tecla "eliminar"

Lectura bíblica: Salmo 139

Te alabaré; porque formidables, maravillosas son tus obras; estoy maravillado, y mi alma lo sabe muy bien.

SALMO 139:14

Para restaurar su programación original, una de las mejores cosas que podemos aprender a hacer es usar la tecla "eliminar". Cuando los pensamientos negativos, de desánimo, traten de contaminar su programación, solamente elimínelos con la tecla antes de que empiecen a afectar la forma en que vive. Ese pensamiento dice: *Lo mejor de tu vida ya pasó. De aquí en adelante es cuesta abajo.* Reconozca que ese es un virus tratando de evitarle alcanzar su destino. Es verdaderamente sencillo. Eliminar. Dígaselo a sí mismo: "No voy a pensar en eso. Mi programación dice: 'El camino del justo es cada vez más brillante'".

Nunca te pondrás bien. Ya viste el diagnóstico médico. Eliminar. Reemplácelo al decir: "Dios está restaurando mi salud. Él cumplirá el número de mis días".

Nunca alcanzarás tus sueños. No tienes tanto talento. No eres capaz. Eliminar. Eliminar. Eliminar. "Asombrosa y maravillosamente he sido creado. Tengo el favor de Dios. Todo lo que toco prospera y triunfa".

Nunca romperás esa adicción. Tu padre fue un alcohólico, y tú también lo serás. Eliminar. "Ningún arma forjada contra mí prosperará. A quien el Hijo libertare será completamente libre, y yo soy libre".

Si usted va a alcanzar su más alto potencial, tiene que ser bueno usando la tecla "eliminar".

Cuando empecé a pastorear la iglesia, cada pensamiento me decía: *No puedes hacer esto, Joel. No sabes ministrar. Eres muy joven. No tienes experiencia. Nadie va a venir.* Habría sido fácil permitir que ese virus echara raíz e impidiera que alcanzara mi destino. Hice lo que le estoy pidiendo que haga. Seguí usando la tecla "eliminar". *No puedes.* Eliminar. *Eres muy joven.* Eliminar. *Nadie va a venir.* Eliminar. *No tienes experiencia.* Eliminar. *No va a funcionar.* Eliminar. No estaría donde estoy si no me hubiera convertido en un experto en el uso de la tecla "eliminar".

ORACIÓN PARA HOY

Padre que estás en el cielo, gracias por darme el poder para eliminar los pensamientos negativos, de desánimo, que vienen a contaminar mi manera de pensar. Equípame con la verdad y ayúdame a convertirme en un experto en oprimir la tecla "eliminar". En el nombre de Jesús. Amén.

PENSAMIENTO PARA HOY

Cuando los pensamientos negativos, de desánimo, vengan a tratar de contaminar su programación, solamente oprima la tecla "eliminar" antes de que empiecen a afectar la manera en que vive. Si usted va a alcanzar su más alto potencial, tiene que ser bueno usando la tecla "eliminar".

Día 3

Proteja su mente

Lectura bíblica: Filipenses 4

Por nada estéis afanosos, sino sean conocidas vuestras peticiones delante de Dios en toda oración y ruego, con acción de gracias. Y la paz de Dios, que sobrepasa todo entendimiento, guardará vuestros corazones y vuestros pensamientos en Cristo Jesús.

FILIPENSES 4:6–7

La Escritura nos dice que protejamos nuestra mente. Usted controla la entrada de lo que permite pasar. Puede concentrarse en cada pensamiento negativo, cada comentario despectivo o puede decidir eliminarlo y enfocarse en lo que Dios dice acerca de usted. Si usted permite que esos pensamientos negativos se repitan en su mente una y otra vez, contaminarán su confianza, contaminarán su autoestima y contaminarán su futuro.

¿Por qué no empieza a usar la tecla "eliminar"? Deje de enfocarse en cada pensamiento negativo que le viene a la mente. Ese es el enemigo tratando de contaminar su programación. Si él puede controlar su pensamiento, él puede controlar su vida entera. Si el pensamiento es negativo, desalentador, depresivo, no se concentre en él. Elimínelo. Preste atención a lo que piensa. Si anda pensando en que no tiene talento, nunca tendrá la confianza de entrar a su destino. Si piensa que es feo, nunca conocerá a las personas que debe conocer. Si piensa que no puede romper esa adicción, no puede. Si piensa que ha llegado al límite, así es. No es que no pueda ir más allá. Solamente que se ha convencido a sí mismo de que no puede.

La buena noticia es que no es demasiado tarde. Todavía puede llegar a ser aquello para lo que Dios lo creó. Esta es la clave: Tiene que deshacerse de todas las cosas negativas que la gente ha dicho de usted. El entrenador o el maestro le dijo: "No eres capaz". Elimínelo. Deje de enfocarse en eso. Usted tiene exactamente todo lo necesario para la carrera que ha sido diseñada para usted.

Deshágase de lo que dijo su consejero: "Solo eres un estudiante mediocre. No tienes capacidad universitaria". Elimínelo. Usted es un estudiante sobresaliente. Tiene semillas de grandeza.

Deshágase de lo que su exnovio o exesposo dijo. "No eres atractiva. No me mereces". Elimínelo. Usted es una obra maestra, única, bella, atractiva, una posesión preciada.

Quizá tenga que deshacerse de lo que uno de sus padres dijo sobre usted. "Eres tan indisciplinado. Nunca vas a lograr nada. No puedes hacer nada bien". Elimínelo. Usted está destinado para hacer cosas grandes. Está destinado para dejar huella en esta generación.

Oración para hoy

Padre, ayúdame a tomar control de la entrada a mi mente y a dejar de permitirle a los pensamientos negativos que entren y se repitan una y otra vez. Gracias por tu poder que me ayuda a quitar todos los pensamientos negativos de mi mente y a concentrarme en lo que tú dices de mí. En el nombre de Jesús. Amén.

Pensamiento para hoy

Tiene que desechar todas las cosas negativas que la gente ha dicho de usted. Usted no es lo que la gente dice. Usted es lo que Dios dice.

Día 4

Riegue las semillas correctas

Lectura bíblica: Josué 1

Nunca se apartará de tu boca este libro de la ley, sino que
de día y de noche meditarás en él, para que guardes y hagas
conforme a todo lo que en él está escrito; porque entonces
harás prosperar tu camino, y todo te saldrá bien.

Josué 1:8

Leí un reporte acerca de niños que han sido acosados en la escuela. Hablaba acerca de cómo, años después, esas palabras negativas de los acosadores, tales como "gordo" y "perdedor" y "fracasado", aún tenían impacto en muchos de ellos. Cometieron el error de permitir que esas palabras echaran raíz en su mente y tuvo un impacto dramático en su vida.

Cuando alguien le pone un sobrenombre, sea bueno o malo, esa semilla queda plantada en usted. Ahora bien, usted puede determinar si esa semilla echa raíz y crece, o no. Cuando se queda pensando en lo que se dijo, usted está regando esa semilla. Le está dando el derecho de hacerse realidad. Por eso es tan importante que seamos disciplinados en nuestros pensamientos. Es maravilloso cuando la gente le dice: "Usted es bendecido. Tiene talento. Hará grandes cosas". Riegue esas semillas. Medite en ellas a lo largo del día. Eso es lo que usted quiere que se haga realidad.

Sin embargo, con mucha frecuencia cometemos el error de regar las semillas incorrectas. Si permite que lo negativo que otras personas dijeron acerca de usted eche raíz, no es culpa de ellos. Ellos no pueden hacer que la semilla eche raíz en usted. Todo lo que pueden hacer es sembrar la semilla. Usted tiene el control completo sobre qué semillas van a crecer en su terreno. Muchas veces culpamos a los demás. "Están hablando de mí. Trataron de avergonzarme. Me estaban criticando". Deje que hablen todo lo que quieran. Usted tiene el control de su terreno. No permanezca en lo negativo. No repita mentalmente lo que ellos dijeron una y otra vez. Proteja su mente. Esos son virus tratando de infiltrarse en su programación.

Esto es lo que el Señor le dijo a Josué después de que Moisés murió y él era quien iba a guiar a los israelitas para entrar a la Tierra Prometida: "Si meditas, día y noche, en lo que Dios dice acerca de ti, tendrás buen éxito y prosperarás en todo lo que hagas". Cuando su mente está llena de pensamientos de fe, pensamientos de esperanza y pensamientos de triunfo, eso es lo que se hará realidad.

ORACIÓN PARA HOY

Padre, gracias por tu instrucción de meditar en tu Palabra y llenar mi mente con pensamientos de fe, esperanza y victoria. Gracias por tu poder que me equipa para regar los pensamientos correctos y verlos echar raíz y cuidarlos de los ataques. Creo que tú harás que tenga buen éxito y me prosperarás en todo lo que haga. En el nombre de Jesús. Amén.

PENSAMIENTO PARA HOY

En lugar de que suenen una y otra vez los pensamientos negativos y permitir que echen raíz, usted debería estar pensando, *soy una obra maestra. Soy único. Talentoso. Tengo semillas de grandeza.* Medite en esos pensamientos a lo largo del día. Eso es lo que usted quiere que sea una realidad.

Reprograme su programación

Lectura bíblica: Salmo 27

Porque aunque mi padre y mi madre me hayan abandonado,
el Señor me recogerá (me adoptará como Su hijo).

SALMO 27:10, LBLA (PARÉNTESIS AÑADIDO)

Quizá ha atravesado situaciones injustas. La gente ha dicho cosas de usted que no tenían por qué decirlas. Usted podría sentirse mal, tener baja autoestima, bajo valor propio. Pero nunca permita que lo que alguien dijo o lo que alguien hizo le impida saber quién es usted en realidad. Usted es un hijo del Dios Altísimo.

Hablé con un hombre que fue criado por un padre muy negativo, que siempre lo menospreciaba diciéndole lo que no podía llegar a ser. No es de sorprender que este hijo, cuando llegó a sus veintes parecía no poder salir adelante. La vida siempre era una lucha. Tenía un grado universitario, pero no podía conseguir un buen trabajo ni mantener una relación estable. Él contó cómo las palabras de su padre resonaban siempre en su mente: "Nunca tendrás éxito. No estás preparado". Las últimas palabras que le oyó decir fueron: "Tu hermano nunca logró nada, y tú tampoco lo harás". Durante años, anduvo con una ira latente, sintiéndose inferior, y toda esa negatividad actuaba como un ancla en su vida.

Un día, este hombre me escuchó hablar acerca de estar seguro de no tener patrones mentales erróneos que lo retengan. Él se dio cuenta que las palabras de su padre se habían convertido en una fortaleza en su mente. Él empezó a usar la tecla "eliminar", reprogramando su mente. Cuando escuchaba: "No estás preparado", presionaba la tecla de "eliminar" y decía: "Estoy equipado. Facultado. Soy muy capaz". Cuando escuchaba: "Nunca lograrás nada", oprimía la tecla "eliminar" y declaraba: "Cumpliré mi destino".

Ahora, este caballero tiene mucho éxito y una hermosa familia. Ahora, este caballero tiene mucho éxito y una hermosa familia. Todo cambió cuando él empezó a usar la tecla "eliminar". Quizá usted sea como él y no recibió la bendición de su padre terrenal. La buena noticia es que usted tiene la bendición de su Padre Celestial. Dios Todopoderoso le dice: "Tú eres mi obra maestra. Eres único. Estás equipado, eres fuerte, tienes talento y eres hermoso". Eso es lo que debería resonar en su mente. No importa quién intentó decirle lo contrario; elimine eso y reprograme su programación. Usted ha sido asombrosa y maravillosamente creado.

ORACIÓN PARA HOY

Padre celestial, gracias por hacerme hijo tuyo y por darme tu bendición. Gracias porque no hay fortalezas en mi mente que tu amor no pueda derrumbar y destruir. Declaro que avanzo y que nada puede retenerme. En el nombre de Jesús. Amén.

PENSAMIENTO PARA HOY

Usted es la posesión más preciada de Dios. Tiene sangre de realeza fluyendo por sus venas. Dios tiene un futuro maravilloso frente a usted. Si usa la tecla de "eliminar" y se deshace de cualquier atadura, Dios tomará lo que estaba preparado para dañarlo y lo usará para beneficiarlo a usted.

Día 6

Rompa las fortalezas
en su mente

Lectura bíblica: Isaías 43

Ahora, así dice Jehová, Creador tuyo, oh Jacob, y Formador tuyo, oh Israel: No temas, porque yo te redimí; te puse nombre, mío eres tú.

Isaías 43:1

Conozco a una dama que tenía problemas con el sentido de valor propio. Mientras crecía, nunca sintió que era lo suficientemente buena ni tuvo sentido de pertenencia. Estas inseguridades brotaron de ser una hija nacida fuera de matrimonio y de ser etiquetada: "ilegítima". Esa frase llegó a incrustarse en su mente. Cada vez que intentaba avanzar, esas palabras venían a su mente una vez más. "Eres un error. Nadie te quería. No vales nada". Ella creyó las mentiras, lo cual afectó dramáticamente su personalidad, su actitud y hasta su matrimonio.

Un día, descubrió que nuestro valor no proviene de la gente; proviene de Dios todopoderoso. Ella dijo: "Fue como si algo me explotara por dentro". Decidió empezar a usar la tecla "eliminar". Cuando llegaban pensamientos que le decían: *No vales nada,* en lugar de enfocarse en ellos y permitirles que la deprimieran, ella reprogramó su programación. "No soy un accidente. Dios me escogió para estar aquí antes de la fundación del mundo. Soy aceptada. Soy aprobada. Soy valiosa". Hoy, ahora que piensa mejor, está viviendo una vida bendecida, libre y confiada.

Asegúrese de que no haya fortalezas en su mente que le retengan. He aprendido que cada vez que tratamos de avanzar en fe, siempre habrá personas tratando de contaminar nuestra programación.

Quizá no lo hagan a propósito, pero le dirán lo que no puede hacer y por qué no va a funcionar. Pero recuerde: Dios no puso la promesa en ellas. Dios puso la promesa en usted. No permita que lo que la gente diga le impida alcanzar su destino.

Esa es la razón por la que empezamos cada mensaje diciendo: "Yo soy quien Dios dice que soy". Me gusta llevarlo un paso más allá. "No solo soy quien Dios dice que soy, sino que puedo hacer todo lo que Dios dice que puedo hacer". Eso significa que sabemos que hemos sido programados para el triunfo. Hemos sido programados para reinar en la vida. Hemos sido programados para superar obstáculos. Alcanzaremos nuestros sueños. Conoceremos a las personas adecuadas. Entraremos a la plenitud de nuestro destino. Cuando piensa de esa manera, ni todas las fuerzas de la obscuridad pueden detenerlo.

ORACIÓN DE HOY

Padre, gracias porque no soy un accidente ni un error. Gracias por crearme, redimirme y por llamarme por mi nombre. Declaro que te pertenezco y que creo que me has programado para el triunfo y para reinar en la vida en esta tierra y por toda la eternidad. En el nombre de Jesús. Amén.

PENSAMIENTO PARA HOY

La verdadera batalla se lleva a cabo en su mente. Si está vencido en sus pensamientos, ya perdió. Tiene que deshacerse de los virus si quiere vivir mejor. Si volviera a la programación inicial que el Creador instaló en usted, irá a lugares que jamás soñó.

Día 7

Piense en cómo fue programado

Lectura bíblica: Efesios 1

Pido que les inunde de luz el corazón, para que puedan entender la esperanza segura que él ha dado a los que llamó—es decir, su pueblo santo—, quienes son su rica y gloriosa herencia.

<small>EFESIOS 1:18, NTV</small>

Es interesante cómo los niños pequeños empiezan con tanta emoción por la vida. Tienen sueños grandes. Serán científicos, astronautas, cantantes, maestros, jugadores de béisbol, hasta presidentes. No están intimidados ni inseguros. Creen que pueden hacer cualquier cosa. Eso se debe a que acaban de venir del Creador. Su pensamiento no ha sido contaminado. Ellos aún pueden sentir las semillas de grandeza. Pero, con mucha frecuencia, con el paso del tiempo, alguien les dice lo que *no pueden* llegar a ser, lo que *no pueden* hacer. Poco a poco su ambiente empieza a encogerse sobre ellos. Un entrenador dice: "No eres lo suficientemente bueno". Su autoestima baja. Ellos ven a alguien más atractivo que está recibiendo todo tipo de atención y empiezan a sentirse inferiores. En poco tiempo, en lugar de soñar en grande y creer los pensamientos de probabilidad, piensan: *Nunca lograré nada importante. Solo soy una persona promedio.*

Cuando nos encontramos sin creer que podemos llegar más alto, necesitamos preguntar: "¿Por qué pienso así? ¿Quién me programó para pensar que soy una persona promedio y renunciar a mis sueños? ¿Quién me programó para pensar que no puedo bajar de peso o romper con esta adicción? ¿De dónde vienen esos pensamientos?". ¿Podría ser que ha aceptado el patrón de pensamientos equivocado debido al ambiente donde fue criado y a las personas que le rodeaban? Solamente porque le parezca normal, no significa necesariamente que *es* normal.

A veces, simplemente aprendimos a funcionar en nuestra disfunción. Quizá todas las personas con quienes creció eran negativas, pero la negatividad no es una forma normal de pensamiento. Solo porque los miembros de la familia tenían adicciones y malos hábitos, no está bien que usted viva de esa manera. Esos son virus que le han sido heredados, que continúan infiltrándose en su pensamiento y afectando su vida. No se supone que vaya por la vida sintiéndose inferior, oprimido por la baja autoestima, siendo adicto, teniendo objetivos y sueños pequeños. Ese no es usted.

La buena noticia es que esos son solamente patrones de pensamiento equivocados que ha desarrollado. Empiece a reprogramar su mente con excelencia, no con mediocridad. Prográmela con abundancia, no con escasez ni pobreza. Prográmela con libertad, no con adicciones. Cuando usted enderece su pensamiento, tendrá una vida sana, abundante, feliz y llena de fe.

ORACIÓN PARA HOY

Padre, gracias porque tú eres luz y, aun en este momento, estás inundando mi mente con luz para que pueda comprender la esperanza confiada que me has dado. Gracias por ayudarme a ver y a romper esos patrones de pensamiento equivocados que están limitando la forma en que vivo. Declaro que soy quien tú dices que soy. En el nombre de Jesús. Amén.

PENSAMIENTO PARA HOY

Dios lo creó para vivir con confianza, para ser libre, para ser sano, positivo y feliz. Empiece por reprogramar su pensamiento.

Día 8

Las fortalezas se derrumban

Lectura bíblica: 2 Corintios 10

Porque las armas de nuestra milicia no son carnales, sino poderosas en Dios para la destrucción de fortalezas, derribando argumentos y toda altivez que se levanta contra el conocimiento de Dios, y llevando cautivo todo pensamiento a la obediencia a Cristo.

2 Corintios 10:4–5

M i padre creció en un ambiente muy pobre. Sus padres lo perdieron todo durante la Gran Depresión. No tenía dinero, tenía una educación pobre y no tenía futuro del cual hablar. Había sido programado con pobreza, derrota y mediocridad. Pudo haber pensado: *Esto me tocó en la vida. Somos simplemente gente pobre y derrotada.* Pero cuando tenía diecisiete años, cuando le entregó su vida a Cristo, empezó a reprogramar su pensamiento. En lo profundo de su interior, algo decía: "Fuiste hecho para algo más que esto. No se supone que luches constantemente para, apenas, pasar la vida". Su actitud era, *quizá sea aquí donde estoy, pero esto no es quien yo soy. Quizá esté en derrota, pero no estoy derrotado. Soy hijo del Dios Altísimo.*

Día tras día, él seguía oprimiendo la tecla "eliminar". Un pensamiento le dijo: *No tienes futuro.* Eliminar. "Dios tiene planes de bien para mí, para darme un futuro y una esperanza"

No tienes dinero. Eliminar. "Soy bendecido. Lo que sea que toque, prospera".

Ni siquiera terminaste la escuela. Nunca saldrás de aquí. Es imposible. Eliminar. Eliminar. Eliminar. "Dios está preparando un camino donde yo no veo camino. Él está abriendo puertas que ningún hombre puede cerrar. Está trayendo las personas indicadas a mi camino. Entraré en la plenitud de mi destino". Él reprogramó su mente con pensamientos de fe, pensamientos de esperanza y pensamientos de triunfo. A medida que su mente progresaba, él salió de esa pobreza y puso un nuevo estándar para nuestra familia.

Quizá usted fue criado en un ambiente limitado. Todo el ejemplo que vio fue conflicto, adicciones, lucha, baja autoestima y mediocridad. No permita que eso defina los límites de su vida. Dios quiere que vaya más lejos. Empiece a deshacerse de los virus. Use la tecla "eliminar". Un pensamiento le dice: *Has llegado lo más lejos que puedes.* Eliminar. *Nunca te pondrás bien.* Eliminar. *Siempre serás un adicto.* Eliminar. *Esto es lo mejor que se puede.* Eliminar.

Si se vuelve bueno para usar la tecla "eliminar", romperá las ataduras y entrará a la libertad. Saldrá de la mediocridad y entrará a la excelencia. Prepárese para que Dios haga algo nuevo.

ORACIÓN PARA HOY

Padre, te agradezco que las armas que me has dado tienen tu poder divino para demoler las mentiras y los argumentos que están puestos para impedir que yo te conozca y obedezca. Declaro que esas fortalezas se derrumban y que entro a la libertad. En el nombre de Jesús. Amén.

PENSAMIENTO PARA HOY

Este es un nuevo día. Las fortalezas se derrumban. Los patrones de pensamiento equivocados son destruidos. Los virus están siendo eliminados. Me preparo para ver la bondad de Dios en formas sorprendentes.

Día 9

Deshágase de los virus

Lectura bíblica: Colosenses 3

*Poned la mira en las cosas de arriba (en las
cosas celestiales), no en las de la tierra.*

Colosenses 3:2, LBLA (paréntesis añadido)

Cuando Carl Lewis estaba entrenando para los Juegos Olímpicos, los expertos dijeron que nadie podía saltar por encima de los nueve metros. Los científicos hicieron sus cálculos, toda su investigación. Según sus datos, nadie podía saltar tan lejos. Un reportero le preguntó a Carl Lewis qué pensaba de eso. Él respondió: "Sí, sé que los expertos dicen que no puede hacerse, pero yo no escucho ese tipo de conversaciones. *Pensamientos como ese tienen una manera de hacernos tropezar*". En ese mismo año, él saltó más de nueve metros y rompió el récord mundial.

¿Está permitiendo que los pensamientos negativos le hagan tropezar, que repriman su potencial, que incapaciten la carrera de su vida? ¿Por qué no hace lo que él hizo? Empiece oprimiendo la tecla "eliminar". Dios tiene la última palabra. El Señor no habría puesto el sueño en su corazón o le hubiera dado esa promesa si Él no tuviera una manera de hacerla realidad.

Elimine lo que la gente negativa le ha dicho. Elimine las palabras de desánimo. Elimine los informes negativos. Usted tiene que volver a su programación original. ¿Quién le dijo que no puede tener éxito? ¿Quién le dijo que solo puede ser un estudiante mediocre? ¿Quién le dijo que no es lo suficientemente alto, lo suficientemente listo, que ha llegado a su límite? Puedo asegurarle que esas palabras no vinieron de su Creador. Esos son virus tratando de contaminar su programación. No permita que lo que alguien le dijo o el ejemplo que alguien le dio limite su vida. No pasa nada malo con usted. Empiece a reprogramar su mente. A lo largo del día, enfóquese en lo que su Creador dice de usted. "Soy bendecido. Estoy sano. Tengo talento. Soy valioso. Mis mejores días están todavía están delante de mí".

Si lo hace, yo creo y declaro que todo virus es expulsado incluso en este momento. Las fortalezas se derrumban. Los patrones de pensamiento equivocados que le han retenido durante años ya no tienen efecto sobre usted. Como se le prometió a Josué, usted tendrá mucho éxito y prosperará en todo lo que haga.

ORACIÓN DE HOY

Padre que estas en el cielo, gracias porque puedo enfocar mi mente en lo que está arriba, en las verdades de tu Palabra que me animan. Gracias por los sueños y las promesas que me has dado. Creo que tú las harás realidad aun en este tiempo, porque tú eres Dios y estás de mi lado. En el nombre de Jesús. Amén.

PENSAMIENTO PARA HOY

Quizá la gente trató de despreciarlo y hacerlo sentir insignificante, pero eso no lo cambia su verdadero ser. Dios lo ha coronado con su favor. Usted es la niña de los ojos de Dios. Usted triunfará y prosperará en todo lo que haga.

Quite las etiquetas negativas

Piense mejor de lo que dicen los demás

Lectura bíblica: Deuteronomio 28:1-14

Te pondrá Jehová por cabeza, y no por cola.

Deuteronomio 28:13

Cuando era adolescente, un editor del periódico le dijo a Walt Disney que él no era creativo, que no tenía buena imaginación. A Lucille Ball le dijeron que ella no tenía habilidades de actuación, que debería probar una profesión diferente. A Winston Churchill no lo consideraron un buen estudiante y falló dos veces el examen de admisión a la *Royal Military College Sandhurst*. El denominador común en el éxito de estas personas es que optaron por quitar las etiquetas negativas. Como ellos pensaron mejor que lo que otros decían, vivieron muchísimo mejor de lo que decían las etiquetas.

Las personas están constantemente poniéndonos etiquetas, diciéndonos lo que podemos y no podemos llegar a ser, lo que tenemos y no tenemos. Muchas veces, estas etiquetas no están de acuerdo con lo que Dios dice acerca de nosotros; y si no sabemos bien lo que somos, las llevaremos puestas como si fueran verdad. Lo triste es que, si las mantenemos puestas por suficiente tiempo, llegarán a estar tan incrustadas en nuestro pensamiento que nos volveremos lo que la gente ha dicho en lugar de lo que Dios ha dicho.

Conocí a un caballero a quien su consejero escolar etiquetó como: "inferior al promedio, apenas capaz, sin talento", y le dijo que y que debería concentrarse en el trabajo de más baja capacidad que pudiera encontrar. Él portó esa etiqueta un año tras otro pensando: *No soy tan inteligente. No tengo las capacidades.* Obtuvo un empleo en una fábrica local y se mantuvo en los niveles más bajos durante años. Un día, solicitó trabajo en otra fábrica que tenía la política de que todo candidato debía tomar un examen de coeficiencia intelectual. Él completó el examen y su punteo fue catalogado a nivel de genio. El dueño le preguntó: "¿Qué hace solicitando este cargo de bajo nivel? Sus calificaciones son las más altas de todas en la historia de nuestra empresa". Ese día, este hombre quitó la etiqueta que había llevado durante diecisiete años. Con el tiempo, inició su propia empresa e inventó varios productos exitosos que ahora están patentados.

¿Le ha convencido alguien de que ha llegado a su límite, que ha llegado lo más lejos que puede? ¿O de que ha cometido demasiados errores? "Estás acabado." "Nunca lograrás tus sueños". "No tienes los recursos". No ande por la vida portando ninguna de esas etiquetas.

La gente no determina nuestro destino; Dios sí.

ORACIÓN PARA HOY

Padre que estás en el cielo, gracias porque no tengo que vivir según lo que los demás han dicho que puedo o no puedo llegar a ser o lograr. Te agradezco que las etiquetas negativas que han colocado sobre mí no tienen poder sobre mi destino. Declaro que solo tú determinas mi destino. En el nombre de Jesús. Amén.

PENSAMIENTO PARA HOY

Así como este hombre, si usted va a ir al siguiente nivel, tiene que quitar cualquier etiqueta negativa que se lo esté impidiendo. Para vivir mejor, necesita pensar mejor.

Día 2

Las etiquetas son como la mala hierba

Lectura bíblica: Isaías 37

No se dejen intimidar por sus enemigos de ninguna manera.

Filipenses 1:28, ntv

Cuando mi padre pasó a la presencia del Señor en 1999, yo asumí el cargo de pastor en la iglesia. Nunca antes había ministrado. Un domingo, después del servicio, escuché sin querer a dos damas hablando en el *lobby*. Una dijo: "Joel no es tan bueno como su padre". La otra respondió: "Sí, no creo que la iglesia dure".

Yo ya me sentía inseguro. Ya sentía que no estaba calificado, y ¡zaz!, me colocaron otra etiqueta negativa. "No es lo suficientemente bueno. No se asemeja. Inferior". Así es como obra el enemigo. A él le encantaría ponerle etiquetas para limitar su pensamiento y evitar que alcance su más alto potencial. Él sabe que Dios tiene cosas maravillosas para su futuro, de manera que intentará desanimarle, intimidarle y hacerle sentir inferior.

Traté de quitar esa etiqueta negativa, pero no fue fácil. Esos pensamientos sonaban en mi mente una y otra vez. "No tienes la capacidad. No eres tan bueno como tu padre". Era como tratar de quitar una calcomanía del parachoques de un automóvil que ha estado pegada por mucho tiempo. Uno la jala, y se rasga. Tiene que continuar trabajando y trabajando. Luché contra esos pensamientos un día tras otro. Finalmente, quité esa etiqueta negativa y puse una nueva: "Todo lo puedo en Cristo. Mi fortaleza es el Señor. Soy ungido".

Si hubiera cometido el error de portar esa etiqueta negativa, no creo que estaría donde estoy. Las etiquetas erróneas pueden impedirle alcanzar su destino. Usted no es lo que la gente dice. Usted es lo que Dios dice que es. La gente le etiquetará: "No es lo suficientemente bueno, muy lento, muy viejo, demasiados errores". Dios le etiqueta: "Fuerte, talentoso, valioso, más que vencedor". Esos pensamientos son los que le ayudarán a vivir mejor.

¿Hay etiquetas que lo estén deteniendo? ¿Lo que dijo un entrenador? ¿Lo que dijo un consejero? ¿Hasta los comentarios negativos de sus padres? El único poder que esa etiqueta tiene sobre usted es el poder que usted le dé. Si la quita, deje de pensar en ella, deje de comportarse como si fuera la verdad, entonces esa etiqueta no tendrá poder sobre usted.

ORACIÓN PARA HOY

Padre, gracias por darme poder para afianzarme en la verdad de que tú no me hiciste inferior o no lo suficientemente bueno. Gracias porque me hiciste fuerte y me diste los talentos que necesito para cumplir mi destino. Creo que tú tienes cosas maravillosas planeadas para mí ahora y para mi futuro. En el nombre de Jesús. Amén.

PENSAMIENTO PARA HOY

Las palabras son como semillas. Si se permanece en ellas lo suficiente, echarán raíz y usted llegará a ser lo que fue dicho. No pase los próximos veinte años permitiendo que los comentarios negativos lo detengan.

Día 3

La batalla se lleva a cabo en su mente

Lectura bíblica: Isaías 62

...y te será puesto un nombre nuevo, que la boca de Jehová nombrará. Y serás corona de gloria en la mano de Jehová, y diadema de reino en la mano del Dios tuyo.

Isaías 62:2–3

Un hombre me contó cómo, sin querer, había escuchado a su maestra de los primeros años de bachillerato, decirle a su mamá que él tenía problemas de aprendizaje. Durante treinta años, llevó esa etiqueta por todas partes y nunca obtuvo un buen trabajo, nunca triunfó verdaderamente. Él, sencillamente, trastabillaba por la vida bajo el peso de ese pensamiento negativo. Un día, le dije: "Tiene que quitarse esa etiqueta. Quizá su maestra haya sido sincera, pero ella no sabía lo que Dios puso en usted. Si va a llegar a ser aquello para lo que fue creado, tiene que decir: 'No, gracias. Nunca más me podré esa etiqueta de problemas de aprendizaje. Tengo otra etiqueta que es la de mi Creador, y Él dice que yo tengo la mente de Cristo, estoy lleno de sabiduría y puedo cumplir mi destino'".

No permita que las etiquetas negativas lo detengan.

Hablé con una estudiante de bachillerato que estaba a punto de presentarse a sus exámenes finales. Me preguntó: "Joel, ¿podría orar para que Dios me ayude a obtener la nota promedio para ganar esos exámenes?"

"¿Por qué orar por nota promedio y no por la nota sobresaliente?", respondí.

"¡Oh no, Joel!", exclamó. "Mi consejero del bachillerato me dijo que solo soy una estudiante promedio".

Ella no sabía nada más. Alguien le trabó esa etiqueta. La estaba llevando por todas partes como si fuera la verdad.

El mismo Dios que puede ayudarle a alcanzar la nota promedio, puede ayudarle a lograr la nota sobresaliente. ¿Por qué no se quita esa etiqueta? El mismo Dios que puede ayudarle a pasarla en la vida, puede ayudarle a triunfar en ella. El mismo Dios que puede darle un apartamento, puede darle una casa hermosa.

¿Necesita quitarse algunas etiquetas? La etiqueta "divorciado", *nunca conoceré a nuevas personas.* La etiqueta, "gordo", *nunca me pondré en forma.* La etiqueta "adicto", *nunca romperé los malos hábitos.*

Es por eso que algunas personas no pueden romper una adicción. Llevan puesta la etiqueta "adicto". La verdadera batalla se lleva a cabo en su mente. Si usted piensa que es un adicto, vivirá como un adicto. Tiene que cambiar la etiqueta. Dios dice que usted es libre, que está limpio. Es sano. Está completo. No pase los próximos veinte años usando la etiqueta "adicto". Póngase algunas etiquetas nuevas hoy.

ORACIÓN PARA HOY

Padre, gracias porque lo que dices de mí tiene poder para quitar las etiquetas negativas que otros me han impuesto. Te agradezco que incluso me llamas por un nuevo nombre y estás haciendo que yo sea una corona de esplendor. Creo que ganaré la batalla. En el nombre de Jesús. Amén.

PENSAMIENTO PARA HOY

Sin importar la etiqueta que tenga puesta, usted se convertirá en lo que la etiqueta dice. Le está dando a ese pensamiento el poder formar y controlar la manera en que vive.

Día 4

Quite cualquier etiqueta que le esté deteniendo

Lectura bíblica: Isaías 46

Porque yo soy Dios, y no hay otro Dios, y nada hay semejante a mí, que anuncio lo por venir desde el principio, y desde la antigüedad lo que aún no era hecho; que digo: Mi consejo permanecerá, y haré todo lo que quiero.

Isaías 46:9–10

Solo porque alguien pronunció esas etiquetas sobre usted, no significa que sean ciertas. A mi padre le dijeron: "Usted nunca saldrá de ese vecindario; todo está en su contra". Él se quitó la etiqueta. Cambió su pensamiento y cambió su vida por completo. Dios lo llevó a lugares a donde él nunca soñó ir. "Usted nunca se pondrá bien; esa enfermedad es terminal". Eso le dijeron a mi madre. Ella se quitó esa etiqueta. Treinta y seis años después, aún está sana, completa y fuerte. Usted tiene el poder para quitar esas etiquetas negativas.

Usted sirve a un Dios sobrenatural. Él puede hacer lo que la medicina no. Él no está limitado por su educación, sus antecedentes o la familia de donde proviene. A Él no lo mueven las cosas que la gente ha dicho de usted. Él no está en el cielo tratando frenéticamente de descubrir cómo llevarlo a su destino. Él conoce el final desde el principio. Él ya tiene la solución a los problemas que usted ni siquiera tiene aún. Él es todopoderoso y lo sabe todo.

Quizá la gente haya tratado de humillarlo con etiquetas, pero si tan solo se quitara esas etiquetas y se pusiera de acuerdo con Dios, Él lo levantaría. Él lo llevará a donde no puede llegar por sí mismo.

Usted no tiene que resolverlo todo. Todo lo que Dios le pide es que crea. Cuando cree, todo es posible. Cuando cree, se abrirán las puertas que tal vez nunca se habrían abierto. Cuando cree lo mejor, Dios le llevará de atrás hacia adelante. No permita que las etiquetas negativas lo retengan.

La gente le dirá: "Estás acabado. Has cometido demasiados errores". Si usted la porta, esa etiqueta le impedirá alcanzar el futuro maravilloso que Dios tiene reservado para usted. Dios dice: "Mi misericordia es más grande que cualquier error". Dios dice: "Todavía te llevaré a tu destino". Dios dice: "Te daré belleza por cenizas. Yo pagaré el doble por las cosas injustas que han sucedido". Usted no estaría vivo si no fuera porque Dios tiene otra victoria en su futuro.

ORACIÓN PARA HOY

Padre celestial, gracias por ser mi Dios, y porque no hay ningún otro. Gracias porque eres todopoderoso y porque no estás limitado por mis antecedentes o por las estadísticas o por lo que la medicina puede o no puede hacer. Gracias por conocer el final desde el principio y por estar a cargo de todas las cosas. Creo que me estás llevando a donde no puedo ir por mí mismo. En el nombre de Jesús. Amén.

PENSAMIENTO PARA HOY

Usted ha estado llevando etiquetas negativas por demasiado tiempo. Quítese las etiquetas de "fracasado", "culpable", "condenado" y póngase estas etiquetas nuevas: "redimido", "restaurado", "perdonado", "futuro brillante", "nuevo comienzo". ¡Empiece a repetir lo que Dios dice de usted!

Día 5

Usted tiene un futuro maravilloso

Lectura bíblica: Deuteronomio 7

Porque tú eres pueblo santo para Jehová tu Dios; Jehová tu Dios te ha escogido para serle un pueblo especial, más que todos los pueblos que están sobre la tierra.

DEUTERONOMIO 7:6

Hubo una joven en la Escritura llamada Rahab. Ella era prostituta. Había tomado muchas malas decisiones en su vida. Estoy seguro que mucha gente la consideraba una escoria de la sociedad. Sin duda, ella llevaba las etiquetas: "fracasada, rechazada, sin valor, sin futuro". Es fácil pensar que Dios seguramente no tendría etiquetas diferentes para que ella usara; había cometido demasiados errores. Pero Dios no se cansa de nosotros.

Un día, José y los israelitas estaban por atacar la ciudad de Jericó que es donde vivía Rahab. Josué envió a dos espías a conocer la tierra. La noticia de que habían entrado espías a la ciudad llegó al rey. Ahora los enviados estaban en gran riesgo. De todas las personas que Dios pudo haber usado para proteger a Su pueblo, Él escogió a Rahab. Arriesgando su propia vida, Rahab recibió a los hombres en su casa y los escondió, salvándoles la vida.

Los dos espías le dijeron a Rahab: "Vamos a destrozar toda la ciudad, pero debido a que honraste a Dios al mostrarnos favor, no te haremos daño a ti ni a todo el que esté en esta casa". Cuando la ciudad de Jericó fue conquistada, Rahab y su familia fueron los únicos que se salvaron. Lo interesante es que Rahab llegó a casarse con un hombre judío llamado Salmón, y tuvieron un hijo llamado

Booz. Booz se casó con Ruth, y ellos tuvieron un hijo llamado Obed. Obed se casó y tuvo un hijo llamado Isaí. Isaí se casó y tuvo un hijo llamado David. Eso significa que Rahab, la que fue prostituta, está en el linaje de Jesucristo.

¿Qué es lo que digo? Usted no es como la gente lo etiqueta. Dios es quien lo etiqueta. La gente etiquetó a Rahab como: "rechazada, fracasada, inservible". Dios la etiquetó como "escogida, restaurada, valiosa, obra maestra". Cuando eso entró en su pensamiento, todo en su vida cambió para mejor. Quizá usted haya cometido errores, pero necesita quitarse las etiquetas erróneas. Deje de pensar en lo que la gente ha dicho de usted. "Nunca logrará nada. Está perdido". "Ella nunca tendrá una posición de influencia. Yo sé lo que ella solía hacer". "Él nunca alcanzará sus sueños. No proviene de la familia adecuada". No crea esas mentiras. Dios tiene cosas maravillosas planeadas para su futuro.

ORACIÓN PARA HOY

Padre, gracias porque tú nunca te cansas de nadie, incluyéndome. Gracias porque al igual que redimiste y restauraste a Rahab, también me has redimido y restaurado para ser tu posesión preciada. En el nombre de Jesús. Amén.

PENSAMIENTO PARA HOY

A Dios le encanta tomar personas como usted y derramar su misericordia y favor en maneras que nunca imaginó. Pero todo empieza en su pensamiento. No se atreva a ir por la vida llevando etiquetas negativas.

Día 6

Usted es una obra maestra

Lectura bíblica: Efesios 2

Pues somos la obra maestra de Dios. Él nos creó de nuevo en Cristo Jesús, a fin de que hagamos las cosas buenas que preparó para nosotros tiempo atrás.

EFESIOS 2:10, NTV

Durante mi etapa de crecimiento, fui muy pequeño. Crecí doce centímetros después del bachillerato. Cuando jugué básquetbol, hubo un tiempo en que prácticamente era 25 centímetros más bajo que mis compañeros de equipo. De alguna manera obtuve el apodo de "Maní". A donde fuera, eso era todo lo que oía. "¡Hola, Maní!". "Buenos días, Maní". Durante los partidos de básquetbol, frente a todo el bachillerato, escuchaba: "¡Vamos, Maní!", "¡Vamos!". Hasta las porristas tenían una porra: "S" grande. "i" pequeña. ¡Sí! ¡Sí! Yo era la "i" pequeña. Nadie lo decía de manera despectiva. Lo decían solo por diversión. Sin embargo, debo admitir que no ayudó a mi autoestima. Cada vez que lo escuchaba, me recordaba lo que no era. "No soy tan alto como todos los demás. Estoy debajo del promedio. No soy adecuado". Dejé que esa etiqueta se me pegara, y me volví menos y menos extrovertido, más callado, más reservado, todo debido a esa etiqueta que permití que otras personas me pusieran.

Un día, hice lo que le pido que haga. Me arranqué la etiqueta. Dios me hizo tal como soy con un propósito. Quizá sea bajo de estatura, pero sé que la dinamita viene en paquetes pequeños. De la misma manera, usted no es muy alto, muy bajo, muy viejo o muy joven. Dios dice que usted es una obra maestra. Ahora, enderece la espalda, levante su cabeza en alto y lleve esta etiqueta con orgullo: "Hijo del Dios Altísimo".

Una de las etiquetas que muchísimas personas llevan es la "promedio". Ellos dicen "sencillamente, soy común". Ha habido personas que me han dicho: "Joel, no hay nada de especial en mí. Solo soy uno de los seis billones de personas sobre la tierra".

Lo cierto es que no hay nada de ordinario en usted. Tiene las huellas digitales de Dios por todas partes. El Creador del universo sopló Su vida en usted. Él lo coronó con Su favor. Tiene sangre de realeza fluyendo por sus venas. Tiene un destino que cumplir, algo más grande de lo que usted jamás imaginó. Pero si va a suceder, si va a llegar a ser todo lo que Dios quiere para usted, una de las primeras cosas que tendrá que hacer es quitarse la etiqueta "promedio", arranque la etiqueta "común". Póngase estas nuevas etiquetas: "obra maestra", "valioso", "único".

ORACIÓN DE HOY

Padre, gracias porque tú me hiciste, no puede haber nada de ordinario en mí. Gracias porque soy tu hijo y tengo sangre de realeza fluyendo por mis venas. Creo y declaro que soy tu obra maestra y que soy una nueva criatura en Cristo Jesús, que tú me diseñaste tal como soy por un propósito. En el nombre de Jesús. Amén.

PENSAMIENTO PARA HOY

Usted nunca fue creado para llevar una vida promedio. Dios tiene una tarea para usted que nadie más puede cumplir. Usted es parte del plan divino de Dios. Tiene algo que ofrecer que nadie más puede ofrecer. Declare: "¡Soy valioso, soy único!".

Día 7

Dios mira el corazón

Lectura bíblica: 1 Samuel 16

Jehová no mira lo que mira el hombre; pues el hombre mira lo que está delante de sus ojos, pero Jehová mira el corazón.

1 Samuel 16:7

Cuando el profeta Samuel llegó a ungir a uno de los hijos de Isaí para que fuera el próximo rey de Israel, Isaí ni siquiera se molestó en traer a su hijo más joven, David, de los campos donde apacentaba a las ovejas. Isaí pensó: *yo sé que no es David. Es muy pequeño, muy joven, no tiene mucho talento y no es tan listo como sus hermanos.* David tenía todas esas etiquetas negativas que le puso su propio padre.

Cuando Samuel vio a Eliab, el hermano mayor de David, estaba muy impresionado con su apariencia externa, pero el Señor le dijo: "No es él". Seis hijos más de Isaí pasaron y Samuel dijo: "Este no. Este no. Este no". Samuel finalmente llegó al final de la fila y, entonces, le preguntó a Isaí: "¿Tienes más hijos? No es ninguno de estos".

"Sí", respondió Isaí, asintiendo con su cabeza. Mi hijo más joven, David, está pastoreando en los campos, pero yo sé que no es él".

Dios no etiqueta a las personas como lo hace la gente. La gente generalmente mira lo externo, pero Dios ve el corazón. Dios sabe de lo que usted es capaz. Dios puede ver las semillas de grandeza que Él ha colocado en usted. Es tan fácil permitir que lo que alguien dijo de nosotros nos impida creer verdaderamente en nosotros mismos.

David entró. Samuel lo vio y dijo: "Él es. Ese es el próximo rey de Israel". Justo allí y en ese momento, David tenía que tomar la decisión que le pido a usted que tome. Él tenía que arrancarse las etiquetas negativas. Él las había escuchado miles de veces: "muy joven, muy pequeño, no tiene la capacidad".

Al igual que David, usted tiene semillas de grandeza en su interior. Nadie más tiene exactamente su misma personalidad, su mismo porte. Hay algo único acerca de usted. Fue creado para hacer historia. No se supone que usted viva y muera sin que nadie sepa siquiera que estuvo aquí. Fue creado para dejar huella en esta generación.

ORACIÓN PARA HOY

Padre que estás en el cielo, gracias porque tú no estás limitado para verme como me ven los demás. Gracias porque tú ves mi corazón y conoces las semillas de grandeza que has puesto en mí. Creo que me creaste para marcar la diferencia en este mundo y que me has equipado para cumplir todos los planes que tienes para mi vida. En el nombre de Jesús. Amén.

PENSAMIENTO PARA HOY

Deje de enfocarse en lo que sus padres dijeron, lo que dijo una hermana envidiosa, lo que dijo un trabajador cascarrabias o lo que dijo un vecino cínico. No deje que esas etiquetas le impidan convertirse en aquello para lo que Dios lo creó.

Día 8

Exterminador de gigantes

Lectura bíblica: 1 Samuel 17

Ninguna arma forjada contra ti prosperará, y condenarás
toda lengua que se levante contra ti en juicio.

Isaías 54:17

Lo interesante es que los hermanos de David, a pesar de haber visto a Samuel ungir a David como el futuro rey (vea la lectura bíblica de ayer), todavía trataron de ponerle etiquetas negativas. Luego, cuando David se fue al campo para visitar a sus hermanos donde el ejército se había reunido para pelear a los filisteos, su hermano mayor, Eliab, dijo: "David, ¿qué haces aquí, y con quién has dejado las pocas ovejas que se supone deberías estar cuidando?". ¿Qué estaba haciendo Eliab? Poniéndole una etiqueta: "inferior, no eres lo suficientemente bueno, irresponsable, intimidado".

David pudo haber dicho: "Sí, tienes razón. ¿Qué estaría pensando? Debo regresar con las ovejas". David pudo haber aceptado esas antiguas etiquetas y permitir que lo retuvieran, pero esta vez David tenía una actitud diferente. Él dijo: "Eliab, lo que digas acerca de mí no cambia lo que Dios dice de mí. Tú sigues etiquetándome como 'débil, fracasado e inferior'. No te das cuenta de que me he deshecho de esas etiquetas y que el Creador del universo, el Dios que sopló vida en mí, me ha colocado nuevas etiquetas: 'exterminador de gigantes, más que vencedor, destinado para grandeza, rey de Israel'".

Quizá le hayan dicho cosas negativas, aun personas que deberían animarle. Me encanta lo que dijo Isaías: "Ninguna arma forjada contra ti prosperará, y condenarás toda lengua que se levante contra ti en juicio", eso significa que a toda etiqueta negativa: "la hará callar". Observe, Dios no lo va a hacer. Usted los hará callar. Es decir, tiene que quitar la etiqueta negativa. Nada de lo que se ha dicho de usted debe definirlo, aun si fue dicho por personas que le criaron o crecieron en el mismo hogar que usted. Nada que haya sucedido en su pasado tiene que impedirle alcanzar su destino. Aun si ha cometido errores o atravesado situaciones injustas, usted puede hacer callar las cosas negativas sacudiéndose la autocompasión y siguiendo adelante con su vida.

ORACIÓN PARA HOY

Padre celestial, gracias porque nada de lo que alguien dijo de mí puede cambiar lo que tú has dicho de mí. Gracias porque puedo refutar cualquier palabra negativa que la gente me haya dicho de mí o acerca de mí y mostrarles a todos que están equivocados cuando recibo las etiquetas de verdad que me has dado para que me las ponga. Creo que soy un exterminador de gigantes. En el nombre de Jesús. Amén.

PENSAMIENTO DE HOY

¿Se atrevería a hacer lo que hizo David para quitarse las etiquetas negativas? Usted no es lo que la gente dice que es. Usted es lo que Dios dice que es. Quítese las antiguas etiquetas. Le daré nuevas etiquetas para ponerse: "exterminador de gigantes", "hacedor de historia", "innovador".

Día 9

La promesa está en usted

Lectura bíblica: Hebreos 12

Y corramos con paciencia la carrera que tenemos por delante, puestos los ojos en Jesús, el autor y consumador de la fe.

HEBREOS 12:1–2

Dale Brown, el legendario entrenador del equipo de basquetbol de la Universidad Estatal de Luisiana (LSU, por sus siglas en inglés), me contó sobre una vez que le habló a un grupo de soldados en una base militar en California. Cuando terminó, un joven se le acercó, medía cerca de dos metros de alto y pesaba doscientas cincuenta libras.

"Entrenador Brown", dijo el joven, "quiero hacer las pruebas para entrar al equipo de basquetbol, pero apenas puedo saltar: Mis piernas se cansan tan rápido que solo puedo jugar un par de minutos".

"¿Cuánto tiempo has estado en el ejército, hijo?", le preguntó el entrenador Brown, mirándolo desde la cabeza hasta los pies.

"Yo no estoy en el ejército, entrenador, es mi papá. Tengo trece años".

El entrenador Brown decidió tomar a este joven bajo su cuidado y le envió su programa de entrenamiento para fortalecer sus piernas y aumentar su resistencia. Tres meses después, recibió una carta del joven que decía: "Entrenador Brown, he hecho todo lo que me mandó hacer, pasé horas entrenando en el gimnasio y en el área de pesas. Sin embargo, mi entrenador de basquetbol me sacó del equipo. Me dijo que soy muy grande, muy lento, muy torpe, que nunca podré jugar basquetbol". Solo etiquetas negativas sobre él.

El entrenador Brown respondió la carta y dijo al respecto: "Hijo, si sigues entrenando, si sigues siendo lo mejor que puedes cada día, y continúas pidiéndole a Dios que te ayude, Él te llevará a donde debes estar".

El joven, Shaquille O'Neal, decidió quitarse las etiquetas negativas y terminó asistiendo a LSU y jugando basquetbol universitario para el entrenador Brown, donde rompió todos los récords y llegó a ser uno de los más grandes jugadores de basquetbol que jamás haya existido. Me pregunto dónde estaría él ahora si hubiera creído las etiquetas negativas.

¿Le ha dicho alguien que usted no puede alcanzar sus sueños? Dios no puso la promesa en ellos. Él la puso en usted. A lo largo de su vida, siempre habrá voces negativas tratando de etiquetarlo, pero Dios no le habría dado un sueño a menos que Él ya lo hubiera equipado para cumplirlo. Usted ya tiene lo que necesita. Lo que hoy podría parecer una limitación, muy alto, muy bajo, Dios puede usarlo como una ventaja. Dios sabe lo que hace. Él lo ha diseñado específicamente para la carrera en la que se encuentra.

ORACIÓN PARA HOY

Padre, gracias por la promesa que es puesto en mí. Gracias porque me has equipado con todo lo que necesito para cumplir mi sueño y correr la carrera en la que estoy. Gracias porque mientras tenga mis ojos fijos en ti, el perfeccionador de mi fe, lo que otros digan que es una limitación en mi vida es una verdadera ventaja en tus manos. En el nombre de Jesús. Amén.

PENSAMIENTO DE HOY

Quizá los expertos le hayan dicho lo que no puede hacer, lo que le falta. Esto es lo que aprendí. Los expertos se equivocan. Fueron los expertos los que construyeron el *Titanic*, y se hundió. Fueron principiantes los que construyeron el Arca, y flotó.

Día 10

Usted tiene un nuevo nombre

Lectura bíblica: Génesis 35:1–18

Raquel estaba a punto de morir, pero con su último suspiro puso por nombre al niño Benoni (que significa "hijo de mi tristeza"). Sin embargo, el padre del niño lo llamó Benjamín (que significa "hijo de mi mano derecha").

GÉNESIS 35:18, NTV

En la Escritura, una dama llamada Raquel murió mientras daba a luz a su segundo hijo. Justo antes de morir, ella nombró al niño Ben-oni, que significa "hijo de mi dolor". Ahora, él viviría siendo llamado "hijo de mi dolor".

A veces, las personas le pondrán etiquetas a usted no por algo que usted haya hecho, sino por el dolor y la angustia que ellos han experimentado. La gente herida acaba hiriendo a otra gente. La gente amargada es pronta para poner etiquetas negativas en los demás.

Después de que Raquel había muerto, su esposo, Jacob, entró apresuradamente. Cuando Jacob escuchó el nombre Ben-oni, dijo: "No importa lo que él haya atravesado en el pasado, mi hijo no será llamado 'hijo de dolor'. Su nombre será Benjamín, que significa 'hijo de fortaleza, hijo de poder, hijo de mi diestra'".

Benjamín creció para convertirse en un gran líder. De su linaje salieron los reyes de Israel, uno tras otro. Dios tenía un gran destino para Benjamín, y sabía que, si él vivía portando esa etiqueta, "hijo de mi dolor", él nunca podría llegar a ser aquello para lo que Dios lo creó. Dios sabe cuán poderosas son las etiquetas.

Quizá alguien ha intentado etiquetarlo como promedio, con

problemas de aprendizaje, sin talento, quien comete demasiados errores. Dios le dice lo mismo que le dijo al pequeño Benjamín: "Estoy poniendo una nueva etiqueta en ti. No más Hijo de dolor. No más Hija de sueños rotos. El nuevo nombre que te doy es: Hijo de fortaleza, Hija de destino e influencia". De manera que empiece a reconocerse por sus nuevos nombres: Obra maestra, Valioso, Único, Más que vencedor, Innovador. Estas son las etiquetas que debemos portar.

La gente puede llamarle de muchas maneras diferentes, pero usted no es como la gente le llama. Usted es aquello a lo que le hace caso. Si le llaman lento, haragán, muy viejo. Está bien. Solo no haga caso. Responda a "triunfador", "talentoso", "innovador". Si lo hace, yo creo y declaro que hoy será su momento decisivo. Las ataduras del pasado ya no van a tener impacto en usted.

ORACIÓN PARA HOY

Padre que estás en los cielos, gracias por el nuevo nombre que me has dado. Gracias porque puedo responder a ser una obra maestra, a ser valioso y único. Creo que me estás ayudando a pensar mejor y que las ataduras del pasado se están rompiendo. En el nombre de Jesús. Amén.

PENSAMIENTO PARA HOY

A medida que piensa mejor, usted va a levantarse y a convertirse en el hijo de fortaleza, la hija de influencia, hijo de victoria, de bendición, de grandeza. Usted vencerá todos los obstáculos, derrotará a todos los enemigos, y se convertirá en todo aquello para lo que Dios lo creó.

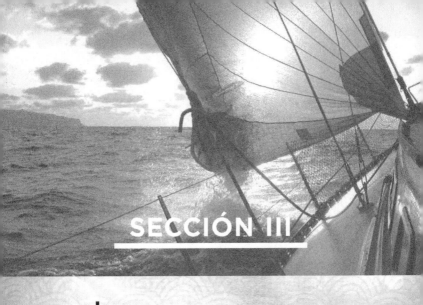

LIBERE TODO
SU POTENCIAL

Día 1

Transformado por la renovación de su mente

Lectura bíblica: Romanos 12

Y no os adaptéis a este mundo, sino transformaos mediante la renovación de vuestra mente, para que verifiquéis cuál es la voluntad de Dios: lo que es bueno, aceptable y perfecto.

ROMANOS 12:2

Dentro de cada uno de nosotros hay una persona bendecida, próspera, triunfadora. Esta persona está libre de adicciones y malos hábitos. Esta persona tiene confianza en sí misma y es segura, talentosa y creativa, disciplinada y enfocada. Sin embargo, solo porque esta persona está dentro de usted, no significa que él o ella vaya a salir automáticamente. Esta persona tiene que ser liberada.

El apóstol Pablo nos da el secreto: "transformaos mediante la renovación de vuestra mente". En el lenguaje original, la palabra transformaos es *metamorfo*. Es de donde obtenemos nuestra palabra metamorfosis. Sabemos cómo las orugas tienen una metamorfosis para convertirse en mariposas. Pablo está diciendo que, si usted hace que sus pensamientos vayan en la dirección correcta y sin enfocarse en lo negativo, condenatorio, "incapaz", y programa su mente con lo que Dios dice acerca de usted, entonces la transformación se llevará a cabo. Cuando sus pensamientos sean mejores, su vida será mejor.

Piense en la oruga, esa larva que parece gusano y que empieza como uno de los insectos menos atractivos. Es muy simple, no tiene nada de especial. Sin embargo, Dios lo predestinó para atravesar una transformación. En cierto punto, forma un capullo y la metamorfosis empieza a llevarse a cabo. Es un proceso. Cambia poco a poco. Un día, empieza a salir del capullo. Sale una pata, luego un ala. Pronto, sale su cabeza. No mucho después, está completamente libre del capullo. Se ha transformado de ser uno de los insectos más simples a uno de los más bellos, coloridos y hermosos: una mariposa. En lugar de tener que seguir arrastrándose siempre y retorcerse sobre la tierra, ahora puede volar a donde quiera.

De manera similar, todos nosotros empezamos como gusanos, por así decirlo. Nuestros pensamientos, sin ser reentrenados, gravitan naturalmente hacia lo negativo. Pensamos: *no puedo aceptar ese ascenso. No estoy calificado. O, nunca llegaré más alto. No provengo de la familia adecuada. O, he cometido demasiados errores. Dios nunca podría bendecirme.* ¿Sabe qué son esos? Pensamientos agusanados. Sin embargo, solo porque empezamos así no significa que se suponga que debemos terminar de esa manera. Dios nos ha predestinado para atravesar una transformación: de parecer gusanos que se arrastran y apenas salen adelante a una hermosa mariposa que puede volar. Esta es la clave: no depende de Dios; depende de nosotros. La única manera de liberar su mariposa es que su pensamiento se alinee con la Palabra de Dios.

ORACIÓN PARA HOY

Padre, gracias por la transformación que estás haciendo en mi vida a través de la renovación de mi pensamiento. Gracias porque puedo alinear mi pensamiento con tu Palabra y cambiar mi vida. Creo que me estás creando de nuevo para que pueda volar. En el nombre de Jesús. Amén.

PENSAMIENTO PARA HOY

Cuando reprograma su pensamiento y empieza a creer que es bendecido, valioso, único y más que vencedor, no hay límite para lo que Dios puede hacer en usted y por medio de usted.

Día 2

Salga de su capullo

Lectura bíblica: Efesios 4

...y que seáis renovados en el espíritu de vuestra mente,
(teniendo una actitud mental y espiritual fresca y sin mancha)
y os vistáis del nuevo hombre (una naturaleza regenerada y
renovada), el cual, en la semejanza de Dios (como Dios), ha
sido creado en la justicia y santidad de la verdad (viviendo
de tal forma que exprese a Dios gratitud por su salvación).

EFESIOS 4:23–24, LBLA

(PARÉNTESIS AÑADIDO)

En la lectura de ayer, vimos que Dios nos ha predestinado para atravesar una transformación, una metamorfosis, por medio de la renovación de nuestra mente. ¿Qué podría mantenerlo en su capullo? *Nunca perderé este sobrepeso. Mi negocio no se va a levantar. No soy un buen padre.* Esos pensamientos evitarán que usted salga. Tiene que darse cuenta de que ya hay un buen padre en usted, solo espera ser liberado. Si va a ver su metamorfosis, tiene que estar convencido de que "en este momento ya hay un gran padre en mí. Voy a renovar mi mente para que salga esta persona". Quizá este luchando con una adicción, pero en usted, ahora mismo, está una persona totalmente libre. Quizá sus finanzas estén bajas. El negocio va lento. Pero, ahora mismo, en usted está una persona que presta y no pide prestado, que es cabeza y no cola.

Cuando los pensamientos le digan: *Nunca cambiarás. Nunca mejorarás,* solo dígase a sí mismo: "Estoy siendo transformado. Mi metamorfosis ya empezó". Así es como libera su potencial. Usted conoce personas que tienen un talento increíble. Tienen tanto que ofrecer, pero nunca han pasado por su transformación. Ellos siguen permitiendo que esa misma grabación negativa suene en su mente todo el día. Es tiempo de salir de su capullo. Dios está listo para llevarlo a un nuevo nivel. Él está listo para liberar una nueva ola de Su favor. Ahora, tiene que levantarse y decir: "Hasta aquí. Estoy cansado de tener pensamientos agusanados. Es mi hora de ser transformado. Sé que soy perdonado. Soy redimido, talentoso, creativo y disciplinado. Soy muy capaz".

Eso no es simplemente ser positivo; es renovar su mente. Cuando lo hace, yo puedo ver salir parte de su ala. Puedo ver su pierna atravesando el capullo. Si sigue así, dentro de poco estará liberando todo su potencial. Será transformado en una hermosa mariposa que vuela a lugares que nunca soñó posibles.

ORACIÓN PARA HOY

Padre que estás en el cielo, gracias por todo el potencial que has puesto dentro de mí y que solo espera ser liberado. Gracias porque mi mente se renueva continuamente al creer las verdades de tu Palabra. Declaro que mi ser completo es liberado por tu gracia que obra en mí. En el nombre de Jesús. Amén.

PENSAMIENTO PARA HOY

Si continúa renovando su mente, estando de acuerdo con lo que Dios dice de usted, es solo cuestión de tiempo para que surja la persona en su interior.

Reprograme su pensamiento

Lectura bíblica: Proverbios 29

Donde no hay visión, el pueblo se desenfrena.

Proverbios 29:18, lbla

Robert creció con un padrastro que siempre lo menospreciaba. Una y otra vez le decía que él era lento y que no podía hacer nada bien. Robert permitió que esos pensamientos negativos programaran su pensamiento e impactaran su vida. Él creció muy inseguro, intimidado, sin sueño alguno para su vida, y obtuvo un empleo como conserje. Un día, su madre volvió a casarse. Este nuevo padrastro era todo lo contrario. Él le decía constantemente a Robert lo que podía llegar a ser, cuán talentoso era y que tenía un futuro brillante frente a él. Este padrastro le inculcó fe, ayudándole a reprogramar su pensamiento. Él le preguntó a Robert qué quería hacer con su vida.

Robert dijo: "Yo solo quiero trabajar como conserje". Él tenía años de pensamientos agusanados acumulados dentro de él. Esos no desaparecen de la noche a la mañana. El padrastro le dijo: "Robert, hay mucho más en ti. Si vas a la universidad, yo pagaré por cada libro, cada curso, cada comida y cada título".

Cuando Robert escuchó eso, algo tomó vida dentro de él. Nunca nadie había invertido en él. Fue a la universidad y, en cuatro años, obtuvo su licenciatura con honores; luego, obtuvo su maestría; después, su doctorado. Pero no había terminado. Fue al seminario y obtuvo otro título. Después de cuatro títulos, su padrastro dijo: "Se acabó, Robert. ¡Ya puedes seguir solo!". Hoy día, Robert está haciendo cosas maravillosas, llevando una vida de triunfos y ayudando a los demás. Sin embargo, nunca habría sucedido si él no hubiera renovado su mente. Él tenía que deshacerse de la programación equivocada que le habían inculcado. Cuando empezó a enfocarse en los pensamientos correctos, mejores pensamientos de fe, victoria, favor y "sí puedo", allí fue cuando se llevó a cabo la transformación. Él liberó su mariposa.

Quizá, al igual que Robert, le han dicho cosas negativas. Le han dicho lo que no puede hacer, lo que no llegará a ser. Permítame decirle quién es usted en realidad. Dios dice que usted es bendecido. Tiene talento. Es valioso. Tiene confianza en sí mismo. Usted ha sido escogido cuidadosamente por el Creador del universo. Deje de enfocarse en lo que la gente dice que usted es y programe su mente con lo que Dios dice que usted es.

ORACIÓN PARA HOY

Padre, gracias porque tus planes para mi vida son de bien y porque tu visión para mi vida es mucho más grande de lo que yo podría imaginar. Ayúdame a reconocer los pensamientos a los que les he permitido entrar en mi mente y reemplázalos con lo que tú dices que soy. En el nombre de Jesús. Amén.

PENSAMIENTO PARA HOY

En su interior, en este momento, hay una persona victoriosa, triunfadora, capaz de cambiar el mundo que está esperando salir. ¡Su mariposa está lista para volar! Le pido que se libere por completo. Usted está destinado a dejar huella en su generación. Renovar su mente hace suceda que la transformación.

Día 4

Tiene la aprobación del Dios todopoderoso

Lectura bíblica: Gálatas 1

Pues, ¿busco ahora el favor de los hombres, o el de Dios?
¿O trato de agradar a los hombres? Pues si todavía
agradara a los hombres, no sería siervo de Cristo.

GÁLATAS 1:10

Cuando empecé a ministrar en el año 1999, estaba muy nervioso. No pensaba que pudiera hacerlo. Todas las voces me decían: "Joel, mejor si no vas allí, frente a la gente. Te vas a poner en ridículo. No vas a saber qué decir. Nadie te va a escuchar". Al enemigo le habría encantado mantenerme en mi capullo, teniendo esos pensamientos agusanados. Él no quiere que usted o yo salgamos y volemos y llevemos una vida de vencedores. Él quiere que luchemos, seamos inseguros, agobiados por las adicciones y los malos hábitos. Todo empieza en nuestra mente. Si él puede controlar nuestros pensamientos, puede controlar toda nuestra vida.

Tuve que hacer lo que le pido que haga. Durante todo el día tuve que decir: "Todo lo puedo en Cristo. Soy fuerte en el Señor. Si Dios por mí, ¿quién se atreve a estar en mi contra?". Pronuncié esas palabras un mes tras otro. Poco a poco, empecé salir de mi capullo. Un ala empezó a salir. Los primeros años estaba tan inseguro que, si oía un comentario negativo, me desanimaba. Trataba de cambiar y de asegurarme que todos me aceptaran. Sin embargo, a medida que continuaba renovando mi mente y mejorando mi pensamiento, me di cuenta que no necesitaba la aprobación de la gente. Yo tengo la aprobación de Dios todopoderoso.

¿Qué estaba sucediendo? Mi ala iba saliendo más. Un poquito de mi pata salió del capullo. Lo cierto es que todavía no estoy completamente transformado, pero al menos no sigo en ese capullo. Cuando me comparo a mí mismo ahora con lo que era cuando empecé, en un sentido no soy la misma persona. No estoy nervioso ni inseguro. Tengo confianza en lo que Dios quiere que sea. Si a alguien no le agrado, no me molesta para nada. Estoy feliz. Soy bendecido. Mi vida es mucho mejor. Eso es lo que significa ser transformado por medio de la renovación de su mente.

Quizá usted tampoco esté totalmente fuera de su capullo todavía, pero no se desanime. Dios todavía está trabajando en usted. Cada día que tiene los pensamientos correctos, está saliendo un poco más de ese capullo. Cuando sea el momento, saldrá completamente y se irá volando, y Dios le llevará a lugares a donde nunca podría haber ido por sus propios medios.

ORACIÓN PARA HOY

Padre celestial, gracias porque me transformas paso a paso y vas rompiendo todo control que el enemigo ha tenido en mi mente. Gracias porque tenga o no tenga la aprobación de la gente, yo tengo tu aprobación. Creo que, por la obra de tu Santo Espíritu en mi vida, estoy rompiendo mi capullo cada vez más. En el nombre de Jesús. Amén.

PENSAMIENTO PARA HOY

A veces, nuestros propios pensamientos intentarán convencernos de que no damos la talla. Ahora, usted tiene que hacer su parte y deshacerse de esos pensamientos de condenación. En el fondo, empiece a creer que está redimido, restaurado, que tiene talento y que es valioso.

Día 5

Cuenta con todo lo necesario

Lectura bíblica: Jueces 6

Entonces el ángel del Señor se le apareció y le dijo:—¡Guerrero valiente, el Señor está contigo!... Ve tú con la fuerza que tienes y rescata a Israel de los madianitas. ¡Yo soy quien te envía!

JUECES 6:12, 14, NTV

Hubo un hombre en la Escritura, llamado Gedeón. Dios quería que él guiara al pueblo de Israel contra el ejército enemigo. Pero Gedeón estaba lleno de pensamientos agusanados acerca de sí mismo y de lo que Dios podía hacer a través de él. Estaba atrapado en su capullo.

Un día, el Ángel del Señor se le apareció y dijo: "Hola, Gedeón, poderoso varón de intrépido valor". Puedo imaginar a Gedeón buscando a su alrededor, pensando: *¿A quién le está hablando? Yo no soy un poderoso varón de intrépido valor.* Gedeón era justo lo opuesto, él estaba atemorizado, intimidado e inseguro. Pero observe que Dios no lo llama por lo que él era. Dios lo llamó por lo que él llegaría a ser. Dios ve su potencial. Dios sabe de lo que usted es capaz. Quizá se sienta débil, pero Dios lo llama *fuerte*. Quizá esté intimidado hoy, pero Dios lo llama *confiado*. Tal vez se sienta "menos que", pero Dios lo llama *muy capaz*. Si el Ángel del Señor se le apareciera hoy, le diría lo mismo que le dijo a Gedeón. "Hola, poderoso varón, poderosa mujer de intrépido valor".

¿Por qué no se pone de acuerdo con Dios y empieza a creer lo que Él dice de usted? Gedeón le respondió al Ángel, "¿Cómo se supone que salve a Israel? Vengo de la familia más pobre de todo Manasés y soy el menor de la casa de mi padre. Observe sus pensamientos agusanados. Muchas veces, al igual que Gedeón, nosotros hacemos lo mismo. "No puedo hacer nada grandioso. No tengo ese talento. Si tan solo tuviera una nacionalidad diferente si tan solo tuviera una mejor personalidad Si tan solo no hubiera cometido tantos errores ". Deshágase de las excusas. Usted está equipado. Está facultado. Ya tiene todo lo necesario para cumplir su destino. Está dentro de usted en este momento, pero tiene que hacer su parte para sacarlo.

ORACIÓN PARA HOY

Padre, gracias porque tú ves mi potencial y sabes de lo que soy capaz. Gracias porque me has equipado y me estás facultando para ser fuerte donde me sienta débil y "menos que". Creo que me estás transformando en un vencedor poderoso por el poder de tu Espíritu Santo obrando en mí. En el nombre de Jesús. Amén.

PENSAMIENTO PARA HOY

Usted podría pensar: *Me he equivocado. Lo he arruinado. He fracasado. Estoy acabado.* Deshágase de lo que alguien le ha dicho y empiece a renovar su mente. Dios todavía puede llevarlo a donde Él quiere que esté. Crea que todavía puede liberarse completamente.

Día 6

Vea lo que puede llegar a ser

Lectura bíblica: Isaías 55

Como son más altos los cielos que la tierra, así son
mis caminos más altos que vuestros caminos, y mis
pensamientos más que vuestros pensamientos.

ISAÍAS 55:9

Leí acerca de un escultor muy conocido que vivía en una isla en el Pacífico Sur. Un día, mientras caminaba por una plantación, vio varios troncos grandes, cortados. El dueño dijo: "Son basura. Los vamos a ir a tirar".

"¿Le importaría si me llevo uno?", preguntó el escultor.

El dueño dijo: "¿Usted quiere un pedazo de madera vieja e inservible?". Llévesela".

El escultor acarreó un tronco grande en su carretón, lo llevó a su cabaña, y lo puso parado dentro de la cabaña. Empezó a caminar muy despacio alrededor de él, analizándolo cuidadosamente, como si tratara de liberar algo que estaba atrapado en el interior. Empezó a tallar, esculpiendo con precisión, día tras día. Pasaron dos semanas, y había tallado el águila más bella, de apariencia majestuosa, con sus alas extendidas, su cabeza hacia atrás, remontándose por los aires. La puso en el pasillo frontal de su pequeña cabaña.

Un día, el dueño de la plantación pasó por allí, vio el águila, y se maravilló del detalle y de cuán magnífica era. Le dijo al hombre: "Me gustaría comprársela".

El escultor rio y dijo: "No, señor. No está a la venta".

Pero el dueño de la plantación insistía. Dijo: "Póngale precio. Le pagaré lo que quiera".

El escultor finalmente dijo: "Está bien. ¿Qué tal quinientos dólares?".

El hombre se los pagó. Luego, cuando el hombre se alejaba, el escultor dijo: "Señor, acaba de comprar la pieza de madera inservible que me dio hace unas semanas".

Al día siguiente, el escultor iba caminando por la plantación. Había un letrero al frente, que decía: "Troncos de madera a la venta. Quinientos dólares cada uno". El dueño había aprendido su lección.

Este es mi punto: El escultor vio algo en el tronco rechazado que otras personas no pudieron ver. Él pudo ver más allá de su rústico exterior, por encima de sus defectos, y vio su potencial. Él sabía lo que podía llegar a ser.

De la misma manera sucede con nuestro Dios. Nuestro Creador puede ver cosas en usted que los demás no ven. Él mira más allá de la superficie, por encima de los errores que ha cometido, por encima de lo que alguien dijo sobre usted, y Dios ve su increíble valor.

ORACIÓN PARA HOY

Padre que estás en el cielo, gracias porque tú ves todo de mí. Gracias porque tú eres el divino Escultor de mi vida y porque me estás dando forma según tu plan para mí. Creo que tus caminos y pensamientos son más altos que los míos, y que harás mucho más de lo que yo pueda imaginar. Estás formándome en un águila que volará por ti. En el nombre de Jesús. Amén.

PENSAMIENTO PARA HOY

Dios aún ve el águila en usted. Dios no solo ve lo que es. Él ve lo que usted puede llegar a ser. La gente quizá trate de humillarlo, pero Dios lo ve despegando del suelo. Lo ve volar.

Día 7

La realeza está en usted

Lectura bíblica: 2 Corintios 3

Por tanto, nosotros todos, mirando a cara descubierta como en un espejo la gloria del Señor, somos transformados de gloria en gloria en la misma imagen, como por el Espíritu del Señor.

2 Corintios 3:18

En la Escritura, un hombre llamado Jacob tuvo muchos defectos. Él era deshonesto. Hasta engañó a su propio hermano para quitarle su derecho de herencia. Jacob no parecía tener mucho futuro, pero Dios no juzga de la misma manera en que nosotros lo hacemos. Dios no ve el exterior; Él mira el corazón. Aun cuando cometamos errores, Dios no nos descarta. Él siempre nos da otra oportunidad. ¿Por qué? Porque Él puede ver la mariposa en el gusano. Él puede ver un campeón en un fracaso. Sin embargo, depende de nosotros. La única forma en que empezará la transformación es que usted crea que está perdonado, que crea que hay misericordia para cada error y que crea que usted es quien Dios dice que es.

Una vez, en el Antiguo Testamento, un ejército invadió Jerusalén, secuestró a algunas personas y mató a su rey. Por primera vez, el pueblo de Israel no tenía líder. Estaban desanimados y no sabían qué hacer. Mientras pensaban que todo había terminado, el profeta Miqueas se levantó y dijo: "¿Por qué lloran? ¿Por qué están desanimados? ¿Acaso no hay un rey en ustedes?" (Miqueas 4:9).

Creo que Dios nos dice lo mismo a cada uno de nosotros: "Hay un rey en ti". Posiblemente ha cometido errores, pero el rey todavía está en usted. Tal vez ha atravesado decepciones. La gente puede haberlo tratado injustamente. Perdió buenas oportunidades. Pero permita que estas palabras penetren en la profundidad de su espíritu. "El rey todavía está en usted". "La reina todavía está en usted". No le estoy hablando a gente común. Estoy hablándole a la realeza. Por fe, puedo ver reyes. Puedo ver reinas. Puedo ver su corona de favor. Puedo ver su túnica de honor. Estoy hablándoles a los hijos del Dios Altísimo. Ahora, usted debe comenzar a convocar a ese rey, a convocar a esa reina. Tiene que liberar lo que Dios puso en su interior.

"Bueno, Joel, esto no es para mí. He cometido montones de errores. He llevado una vida escandalosa". Eso no cambió lo que Dios puso en usted. Usted no puede ser peor que Jacob. Él falló una y otra vez, pero tal como verá en la lectura de mañana, la misericordia de Dios va de eternidad a eternidad. Nunca se acaba. Dios nunca se cansará de usted.

ORACIÓN PARA HOY

Padre, gracias porque puedes ver un campeón en mí a pesar de que he fallado. Gracias porque, como hijo tuyo, tú me has hecho parte de la realeza y me has coronado de favor. Yo creo que estoy perdonado, que tu misericordia y perdón cubren mis errores y que me estoy convirtiendo en quien tú dices que soy. En el nombre de Jesús. Amén.

PENSAMIENTO PARA HOY

Usted tiene sangre de realeza fluyendo por sus venas. Porta una corona de favor. Tiene que enderezar su espalda, levantar su cabeza y conducirse confiadamente.

Día 8

Creado para volar

Lectura bíblica: Génesis 32

*Y el varón le dijo: No se dirá más tu nombre Jacob, sino Israel;
porque has luchado con Dios y con los hombres, y has vencido.*

Génesis 32:28

Tal como vimos ayer, Jacob era un engañador, pero Dios siguió obrando en Jacob, edificándolo y moldeándolo. Un día, Dios dijo: "Jacob, voy a cambiar tu nombre". Su nombre, literalmente, significaba "engañador". Dios dijo: "Ya no quiero que te sigan llamando así. Has pasado gusano a mariposa. Tu nuevo nombre será Israel". Israel significa: "príncipe con Dios". Él pasó de ser llamado engañador a ser llamado rey. Después de eso, cuando alguien decía: "Hola, Israel", lo que decían era "Hola, Rey". Ellos estaban convocando a sus semillas de grandeza. Estaban profetizando, recordándole quién era en realidad. No hay duda de que él empezó a pensar mejor: *No soy un engañador. Soy un príncipe. Soy un rey. He sido escogido por Dios. Tengo un destino que alcanzar.* Él renovó su mente. Allí es cuando la transformación se llevó a cabo, y, de repente, la vida de Jacob mejoró grandemente.

¿Podría ser que lo único que le detiene para tener una vida mejor sean sus pensamientos hacia sí mismo? Usted está concentrado en sus errores, cómo lo arruinó, cómo no dio la talla. Tiene que reprogramar su pensamiento. Deshágase de los pensamientos agusanados. Durante todo el día, debería decir: "Soy redimido y estoy restaurado. Soy de la realeza. Soy más que vencedor".

Creo que hoy será el principio de la transformación en su vida. Una metamorfosis está por llevarse a cabo. Usted necesita prepararse. El talento que no sabía que tenía, saldrá de usted. Las fortalezas de inferioridad están siendo rotas. Usted sentirá nueva valentía, una nueva confianza para entrar a la plenitud de su destino. Siga teniendo mejores pensamientos. Si va a empezar la renovación de su mente, programándola con lo que Dios dice acerca de usted, va a liberar su potencial.

Estoy convocando al seguro de sí mismo. Estoy convocando al que triunfa, al bendecido, al talentoso, al disciplinado, al excelente. Creo y declaro que el rey en usted está emergiendo. La mariposa en usted está emergiendo. No se va a quedar donde está. Usted está siendo transformado. Se remontará a lugares a donde nunca habría podido ir por sus propios medios. ¡Recíbalo por fe!

ORACIÓN PARA HOY

Padre celestial, gracias porque debido a lo que Jesús hizo en la cruz, estoy redimido y restaurado, soy de la realeza y más que vencedor. Gracias porque las fortalezas se están rompiendo y estoy siendo transformado en la renovación de mi mente por medio de Cristo. Lo recibo por fe. En el nombre de Jesús. Amén.

PENSAMIENTO PARA HOY

Quizá tenga un ala de fuera, y eso es bueno. Sin embargo, Dios no quiere que se quede en el capullo. Él no lo creó para arrastrarse y retorcerse. Él lo creó para volar. Es tiempo de sacar la otra ala.

CONSIDÉRESE TRIUNFADOR

Día 1

Ciérrele la puerta a los pensamientos negativos

Lectura bíblica: Salmo 19

Por lo demás, hermanos, todo lo que es verdadero, todo lo honesto, todo lo justo, todo lo puro, todo lo amable, todo lo que es de buen nombre; si hay virtud alguna, si algo digno de alabanza, en esto pensad.

FILIPENSES 4:8

Los estudios muestran que nos hablamos a nosotros mismos hasta treinta mil veces al día. Siempre hay algo sonando en nuestra mente. La Escritura nos dice que meditemos en las promesas de Dios. La palabra *meditar* significa "pensar en algo una y otra vez". Necesitamos prestar atención a aquello en lo que meditamos.

Meditar es el mismo principio que la preocupación. Cuando se preocupa, sencillamente está meditando en lo incorrecto. Está usando su fe a la inversa. Si usted se pasa el día preocupado por sus finanzas, preocupado por su familia y preocupado por su futuro, porque está permitiendo que suenen pensamientos equivocados en su mente, hará que esté ansioso, temeroso, negativo y desanimado. El problema entero está en lo que escoge meditar. Usted controla la entrada a su mente. Cuando esos pensamientos negativos vengan tocando a su puerta, usted no tiene que abrir. Puede decir: "No, gracias. Elijo meditar en lo que Dios dice de mí".

Hoy día, hay mucho pesimismo. Si ve las noticias por mucho tiempo, puede deprimirse: la bolsa de valores, la economía, la crisis de la deuda. Una frase que observé en varios periódicos fue "temor total en el mercado". La gente está en pánico. Algunas personas pasan todo su día pensando en lo mal que están, diciéndose: "Me pregunto si podré salir adelante". "¿Qué pasaría si pierdo mi trabajo?". "¿Qué hago si mis fondos de retiro disminuyen?". Si se enfoca en estos pensamientos de temor, se va a estresar. Me gusta ver las noticias, pero he aprendido a no meditar en los reportes negativos.

Pablo nos dice que pensemos en cosas que son verdaderas, cosas que son puras, cosas que son de buena reputación". Si no tiene buena reputación no se concentre en eso, porque envenenará su espíritu. En lugar de escuchar el pesimismo una y otra vez, escuche lo que Dios dice. Sí, la situación financiera puede ser un poco inestable, pero Dios dice que Él suplirá todas sus necesidades. Él dijo que Él lo prosperará aun en tiempo de hambre. Él dijo que abrirá las ventanas de los cielos y derramará tantas bendiciones que usted no podrá contenerlas. ¡Pase el día meditando en eso!

ORACIÓN PARA HOY

Padre, gracias por darme tus promesas para meditar en ellas. Gracias porque tu Palabra me instruye a pensar solo en cosas verdaderas y correctas, puras y de buena reputación. Declaro que mi confianza está solamente en ti y en nada más. En el nombre de Jesús. Amén.

PENSAMIENTO PARA HOY

Haga que su mente vaya en la dirección correcta. Después de todo, la economía no es nuestra fuente. Dios es nuestra fuente. Nuestra confianza no está en el mercado de valores o en la economía. Nuestra confianza está en el Señor.

Día 2

Perfecta paz

Lectura bíblica: Isaías 26

¡Tú guardarás en perfecta paz a todos los que confían en ti; a todos los que concentran en ti sus pensamientos!

Isaías 26:3, NTV

David dijo en Salmo 20:7: "Algunos confían en carros. Otros confían en caballos. Pero nuestra confianza está en el nombre del Señor nuestro Dios". En tiempos modernos, podría decirse: "Algunos confían en su dinero. Otros confían en su trabajo. Algunos creen en lo que dicen los economistas; pero nuestra confianza está en el Dios que lo creó todo. Él es llamado Jehová Jireh, el Señor nuestro Proveedor". Cuando medite en eso, no tendrá temor del todo. Usted tendrá completa paz. Estará en absoluto reposo. Usted sabe que Dios está a cargo y que Él puede darle el triunfo total. Sin embargo, todo depende de lo que esté sucediendo en sus pensamientos. Usted puede meditar en el problema o puede meditar en las promesas. Puede meditar en el reporte de noticias o puede meditar en el reporte de Dios. Lo que usted permita sonar en su mente determinará la clase de vida que vivirá. Cuando piense mejor, vivirá mejor.

Dios dijo: "Si mantienes tu pensamiento enfocado en mí, yo te guardaré en perfecta paz". Note que hay una manera de no solamente tener paz, sino de tener perfecta paz. ¿Cómo? Mantenga su pensamiento enfocado en Él. Preste atención a lo que está sonando en su mente. Usted no puede dedicar el día a pensar: *Espero que mi hijo se componga. O, ¿qué va a pasar si me despiden? O, tal vez no supere esta enfermedad.* Cuando fija pensamientos como estos, no va a tener paz. Meditar en el problema no lo mejora; lo empeora.

Tiene que cambiar su enfoque. Durante todo el día, piense: *Dios me tiene en la palma de Su mano. Todo obra para mi bien. Este problema no llegó para quedarse, pasará. Muchas son las aflicciones del justo, pero de todas ellas lo librará el Señor.* Eso es pensar mejor. Cuando medite en eso, tendrá mayor paz, mayor gozo y mayor fuerza.

ORACIÓN PARA HOY

Padre que estás en el cielo, gracias por ser Jehová Jireh, el Señor mi Proveedor. Gracias porque puedo poner completamente mi confianza en ti y enfocar mi mente en ti. Creo y declaro que tú me das perfecta paz; en toda circunstancia de mi vida, descansaré en ti. En el nombre de Jesús. Amén.

PENSAMIENTO PARA HOY

Si usted no fija su mente, el enemigo la fijará por usted. Él le recordará cuán mal le ha ido, cuántos errores ha cometido y toda la gente que lo ataca, y así sucesivamente. Sus pensamientos guiarán su vida.

Día 3

Considérese afortunado

Lectura bíblica: Salmo 118

Con respecto a todo aquello de que los judíos me acusan, me considero afortunado, oh rey Agripa, de poder presentar hoy mi defensa delante de ti.

Hechos 26:2, LBLA

El apóstol Pablo comprendía el principio de que la felicidad empieza en nuestro pensamiento. Pablo había atravesado muchas decepciones y adversidades. Había naufragado, había sido encarcelado y había sido maltratado; aun así, él no estaba enfocado en sus problemas. Él no meditaba en lo malo que era, repasando todas sus decepciones. Él fue quien dijo: "Gracias a Dios que siempre me lleva triunfante. Soy más que vencedor". Su mente estaba llena de pensamientos de esperanza, pensamientos de fe, pensamientos de victoria. Él decía: "Podría parecer malo, pero mi mente está llena de pensamientos de esperanza, fe y victoria".

Algunas personas se han deprimido solo por sus pensamientos. Se han enfocado en sus problemas durante tanto tiempo que se han conducido a sí mismos al desánimo por sus pensamientos. Han visto tantos noticieros que se han llevado a sí mismos al temor por sus pensamientos. La buena noticia es que de la misma manera que sus pensamientos pueden deprimirlo, asustarlo y volverlo negativo, también pueden hacerlo feliz. Sus pensamientos pueden darle paz. Hasta pueden ayudarle a estar de mejor ánimo.

La Escritura nos dice: "Levántate de la depresión que te ha mantenido limitado. Levántate a una nueva vida". El primer lugar donde debemos levantarnos es en nuestro pensamiento. Tiene que proponerse una nueva actitud con mejores pensamientos. No pase todo el día pensando en sus problemas, enfocándose en quien lo lastimó. Eso lo desanimará. Necesita empezar a tener pensamientos que le hagan feliz. Durante todo el día, deberíamos estar pensando: *Mis mejores días están frente a mí. Algo grande viene a mi encuentro. Lo que querían para mi perjuicio, Dios va a usarlo para mi beneficio. Mis más grandes triunfos todavía están en mi futuro.* Tenga pensamientos de poder a propósito: *Soy fuerte. Sano. Bendecido.* Cuando se levante por la mañana y le vengan esos pensamientos diciendo: *No quieres ir a trabajar hoy. Tienes muchísimos problemas. Hay muchas cosas que te atacan, más que nunca*; contrarreste esos pensamientos al declarar: "Este va a ser un gran día. Este es el día que hizo el Señor. Estoy emocionado por mi futuro. Hoy me sucederá algo bueno".

ORACIÓN PARA HOY

Padre, gracias por este día y por cada día que has hecho para que yo me levante y sea más que vencedor. Gracias porque puedo hacer que mis pensamientos me conduzcan a la felicidad al llenar mi mente con pensamientos de esperanza, fe y victoria mientras me concentro en ti y en tus promesas para mí. Declaro que mis mejores días están delante de mí. En el nombre de Jesús. Amén.

PENSAMIENTO PARA HOY

No empiece el día en neutro. No puede esperar a ver qué clase de día será. Tiene que *decidir* qué clase de día va a ser. Cuando se levante por la mañana, necesita ubicar su mente en la dirección correcta.

Día 4

Usted llega a ser aquello en lo que cree

Lectura bíblica: Mateo 9

Cuando Jesús salió de allí, dos ciegos lo siguieron y comenzaron a gritarle: —¡Jesús, tú que eres el Mesías, ten compasión de nosotros! Los ciegos siguieron a Jesús hasta la casa. Y cuando ya estaban adentro, Jesús les preguntó: —¿Creen ustedes que puedo sanarlos? Ellos respondieron: —Sí, Señor; lo creemos. Entonces Jesús les tocó los ojos y dijo: —Por haber confiado en mí, serán sanados.

MATEO 9:27–29, TLA

Jesús dijo: "Hágase en vosotros según vuestra fe". Si usted cree que nunca conocerá a la persona adecuada y se casará, desafortunadamente, probablemente no lo haga. Su fe está trabajando. Si cree que nunca saldrá de deudas, no lo hará. Si cree que lo van a despedir, no se sorprenda cuando le pase. Usted llegará a ser aquello en lo que cree. Estoy pidiéndole que crea lo que Dios dice acerca de usted. Crea que es bendecido. Crea que sus mejores días están por llegar. Crea que usted es fuerte, sano, talentoso, creativo y muy capaz. Deshágase de esos pensamientos erróneos que están contaminando su mente y empiece a meditar en lo que Dios dice de usted.

El escritor del Salmo 1, dijo: "Si meditas en la Palabra de Dios día y noche, serás como árbol plantado junto a corrientes de agua. Tu hoja no se marchitará, sino que siempre darás fruto a su tiempo". Note que no es *algunas* veces, sino *siempre*, durante toda su vida. Eso significa que aun cuando la economía baje, usted estará dando fruto. Significa que cuando otros vayan en caída, usted irá subiendo.

Cuando los demás estén totalmente asustados, usted estará en completa paz. Cuando los demás estén sobreviviendo, usted estará triunfando.

La traducción del Salmo 1, de la Biblia *The Message* [El Mensaje] dice que cuando medita en la Palabra de Dios de día y de noche, "Es un árbol siempre está floreciendo". Ese es el sueño de Dios para su vida: que usted siempre tenga una sonrisa, que siempre esté en paz y que siempre esté emocionado por su futuro. Y no, no significa que nunca tendrá adversidades. Sin embargo, en esos tiempos difíciles, debido a que sus pensamientos están fijos en Él, en lo profundo de su ser habrá confianza sabiendo que todo estará bien. Usted sabrá que Dios aún está en el trono. Él está peleando sus batallas y usted, no solo saldrá de eso, sino que saldrá mejor de lo que estaba antes.

ORACIÓN PARA HOY

Padre celestial, gracias porque en cada estación de mi vida puedo dar fruto como un árbol plantado junto al agua. Gracias por darme tu Palabra para meditar en ella. Declaro que creo lo que dice tu Palabra, y que llegaré a ser aquello que creo. En el nombre de Jesús. Amén.

PENSAMIENTO DE HOY

Haga un inventario de lo que resuena en su mente y empiece a meditar en lo que Dios dice de usted. En conclusión, usted llegará a ser aquello que cree.

Día 5

Sea próspero siempre

Lectura bíblica: Salmo 1

Dios bendice a quienes aman su palabra y alegres la estudian día y noche. Son como árboles sembrados junto a los arroyos: llegado el momento, dan mucho fruto y no se marchitan sus hojas. ¡Todo lo que hacen les sale bien!

SALMO 1:2–3, TLA

Tengo amigos que viven en otro Estado de los Estados Unidos. El esposo trabaja en ventas para una corporación muy grande. Recientemente, obtuvo el ascenso que había estado esperando recibir durante mucho tiempo. Mis amigos estaban muy emocionados, pero significaba que tendrían que mudarse a otra ciudad. El problema era que el mercado de bienes raíces en su área, estaba muy bajo. Difícilmente se vendía algo. Ellos no podían pagar dos hipotecas, así que tuvieron que vender su casa antes de poder aceptar el ascenso. Pero en lugar de desanimarse y pensar: *Qué suerte la nuestra, recibimos un ascenso en mal momento. Nuestra casa nunca se venderá*, ellos mantuvieron su mente llena de fe. En todo momento decían: "Padre, Tú dijiste que Tu favor nos rodea como un escudo. Dijiste que siempre floreceríamos. Dijiste que Tú nos prosperarías aun en la hambruna". Eso es pensar mejor.

Había más de sesenta casas a la venta en su vecindario. En los siete meses anteriores, solamente tres casas se habían vendido. No se veía bien, pero pusieron su casa a la venta de todos modos; y dos semanas después tenían un contrato de compra. Hablaron con los compradores, solo por curiosidad les preguntaron: "¿Por qué escogieron nuestra casa?".

81

Los compradores dijeron: "Vimos más de treinta casas en este vecindario, pero cuando pasamos por su casa, sencillamente, parecía sobresalir entre todas. Y cuando entramos, sentimos tanta paz que supimos que esta debía ser nuestro hogar".

Esto es lo que sucede cuando medita en las promesas de Dios. Usted siempre florecerá. En otras palabras, su propiedad se venderá cuando las otras no. Se pondrá bien aun cuando el informe médico diga que no. Será ascendido aun cuando no sea el mejor calificado. ¿Por qué? Porque su mente está llena de la Palabra de Dios y conoce los propósitos que Él tiene para usted. Cuando está de acuerdo con Dios, el Creador del universo se pone a trabajar. Dios hará que Su favor brille sobre usted. Él hará que su casa sobresalga entre el vecindario. Él hará que usted esté en el lugar correcto en el momento indicado, asegurándose de que usted triunfe.

ORACIÓN PARA HOY

Padre, gracias porque tu plan para mi vida es que yo siempre prospere, y que siempre produzca fruto fresco. Gracias porque puedo llenar mi mente con tu Palabra y conocer tus pensamientos para mí. Declaro que amo tu Palabra. Creo que tu favor está brillando sobre mí. En el nombre de Jesús. Amén.

PENSAMIENTO DE HOY

No se pase pensando: *Me temo que nunca me voy a poner bien.* Su fe atraerá lo negativo. Job dijo: "Lo que temía vino sobre mí". De la misma manera en que nuestra fe puede funcionar en la dirección correcta, también puede funcionar en la dirección incorrecta.

¿Qué resuena en su mente?

Lectura bíblica: Job 3

*Porque el temor que me espantaba me ha venido, Y
me ha acontecido lo que yo temía.*

Job 3:25, lbla

Escuché acerca de una dama que compró un árbol Ficus de dos metros de alto para su dormitorio. A ella le encantaban las plantas, las tenía por todas partes en su casa y tenía mucha experiencia en el cuidado de ellas. Sin embargo, a la mañana siguiente, despertó y pensó para sí: *Esta planta no va a vivir. No sobrevivirá.* El pensamiento negativo le vino de la nada, y ella cometió el error de enfocarse en él, pensando en eso una y otra vez. Hasta le dijo a su esposo: "Creo que he desperdiciado mi dinero en esta planta. Me temo que no vivirá".

"¿De qué hablas?", dijo él. "Todas tus plantas han sobrevivido. ¿Por qué dices eso?".

Ella respondió: "Oh, algo me dice que no sobrevivirá".

Tres semanas después, sin razón aparente, las hojas de la planta empezaron a tornarse amarillas. Unos días después, las hojas se habían caído. Unas semanas más tarde, la planta estaba totalmente marchita, muerta.

Un día, ella estaba pensando acerca de ese árbol muerto. Ella sintió que Dios le dijo algo, no de manera audible, sino una impresión en su interior. Él dijo: "Quiero que sepas que mataste a esa planta con tus pensamientos".

Cuando escuchó eso, un escalofrío recorrió su cuerpo. Cuando nos enfocamos en lo negativo, dejamos que nuestra fe vaya en la dirección errónea. Ella le dijo a su esposo: "Sé que vas a pensar que estoy loca, pero creo que maté esa planta con mis pensamientos".

Él la vio muy extrañado y respondió: "Todo lo que puedo decir es que espero que estés teniendo buenos pensamientos acerca de mí".

Preste atención a lo que resuena en su mente. No digo que todo pensamiento negativo vaya a suceder; mi punto es que podemos abrir la puerta a las dificultades al permanecer en lo equivocado.

ORACIÓN PARA HOY

Padre que estás en el cielo, gracias porque puedo cerrarle la puerta a las dificultades cuando me enfoco en los pensamientos correctos, pensamientos verdaderos, tu Palabra. Ayúdame a hacer un inventario de lo que resuena en mi mente. Declaro que resistiré a todo temor y lo venceré. En el nombre de Jesús. Amén.

PENSAMIENTO PARA HOY

La conclusión es que usted se convertirá en aquello que usted cree. Haga un inventario de lo que resuena en su mente. Al momento en que usted acepta que algo negativo es la norma, este puede formar una fortaleza en su mente que le impedirá alcanzar su destino.

Día 7

Llene su mente con los pensamientos correctos

Lectura bíblica: Salmo 119

La palabra de Cristo more en abundancia en vosotros, enseñándoos y exhortándoos unos a otros en toda sabiduría, cantando con gracia en vuestros corazones al Señor con salmos e himnos y cánticos espirituales.

COLOSENSES 3:16

He aprendido que, si llena su mente con los pensamientos correctos, no habrá lugar para los pensamientos incorrectos. Cuando está pensando constantemente: *Soy fuerte. Sano. Bendecido. Tengo el favor de Dios*, entonces, cuando los pensamientos negativos vengan a tocar a su puerta, encontrarán un rótulo de "Ocupado". Ellos no podrán entrar.

Una vez estaba viajando con mi padre a la India. Nuestro avión estaba retrasado debido al mal tiempo. Perdimos nuestra conexión hacia Europa y, como era tarde en la noche, fuimos a un hotel en el aeropuerto. El joven de la recepción revisó su computador dos veces y dijo: "Lo siento, señor. Esta noche estamos llenos". Cuando mi padre pidió hablar con el gerente, él incluso fue a su oficina para hacer una revisión adicional, pero finalmente regresó y dijo: "Señor, lo siento mucho, pero no puedo obligar a nadie a que salga del hotel. No tenemos ninguna habitación".

Así sucede cuando usted mantiene su mente llena de la Palabra de Dios. Un pensamiento de temor o de duda toca a la puerta, pero al igual que el gerente del hotel, usted declara: "Lo siento, temor, no hay vacantes. Lo siento, duda, tendrás que ir a algún otro lado a quedarte".

Usted tiene que hacer un inventario de qué está ocupando las habitaciones de su vida. Si usted le da espacio al temor, la fe se queda afuera. No hay lugar para ambos. Si le da una habitación a "no puedo", "sí puedo" se queda fuera. Si le da espacio a la escasez, a apenas puedo salir adelante, "nunca lo lograré", entonces el incremento, el ascenso y la abundancia se quedan fuera. Deshágase de los pensamientos erróneos y permita que lo que Dios dice acerca de usted tenga un hogar permanente.

Piénselo de esta manera. Antes de irse a dormir por la noche, usted cierra las puertas de su casa con llave. No quiere que ningún extraño entre. Esa es su casa. Usted debe tener la misma manera de pensar en lo que se refiere a su mente. "Aquí es donde vivo. Este soy yo. Este es mi futuro. No voy a permitir que cualquier pensamiento entre y tenga un hogar permanente. Voy a vigilar la puerta de mi mente y solamente le daré espacio a los pensamientos de esperanza, pensamientos de fe y pensamientos de victoria".

ORACIÓN PARA HOY

Padre, gracias porque puedo dejar que el mensaje de Jesús habite cómodamente en todas las habitaciones de mi vida. Gracias por toda la sabiduría, salmos, himnos y canciones de fe que llenan mi mente. Le digo a todo temor y duda que no hay vacantes. En el nombre de Jesús. Amén.

PENSAMIENTO PARA HOY

Tiene que dejar de alquilarle espacio en su mente a los problemas y a la autocompasión. No les alquile a los pensamientos "no puedo, no sucederá". Envíeles una notificación de desalojo. Dígales a esos pensamientos negativos: "Han ocupado mis habitaciones por suficiente tiempo. Viene un nuevo inquilino. Mi nuevo inquilino es la fe, el gozo, la paz y la sanidad. Mi nuevo inquilino es el triunfo".

Día 8

La gente no tiene la última palabra

Lectura bíblica: Marcos 5

Mientras estaba todavía hablando, vinieron de casa del oficial de la sinagoga, diciendo: Tu hija ha muerto, ¿para qué molestas aún al Maestro? Pero Jesús, oyendo lo que se hablaba, dijo al oficial de la sinagoga: No temas, cree solamente.

Marcos 5:35–36, lbla

Cuando reciba informes negativos, no digo que niegue los informes que son verdaderos y que haga como que no existen. Sencillamente, estoy diciendo: No se enfoque en ellos. No permita que lo consuman al punto en que eso es en todo lo que piensa y todo lo que habla. Aprenda a poner las cosas en perspectiva.

En la lectura bíblica de hoy, Jesús iba de camino a orar por una niña que estaba muy enferma, pero lo seguían retrasando. Finalmente, unas personas de la casa de ella llegaron y dijeron: "Dígale a Jesús que ya es muy tarde. La niña ya murió". Jesús escuchó el reporte negativo, pero decidió ignorarlo. No permitió que echara raíz. Él no meditó en ello. No se desanimó. Tampoco negó que el reporte fuera cierto ni actuó como si la persona no había muerto.

Jesús sabía que la gente no tiene la última palabra. Dios tiene la última palabra. A veces, para poder mantenerse en la fe, tiene que ignorar un informe negativo. Tiene que ignorar lo que alguien dijo de usted. Tiene que ignorar lo que sus propios pensamientos le dicen. Quizá los escuche, pero haga como Jesús y elija no enfocarse en ello.

En la vida, habrá veces cuando se sienta como si todas las voces le estuvieran diciendo: "No puedes hacerlo. No funcionará. Nunca superarás este problema". Podría ser la voz de la gente a su alrededor, los críticos, los negativos. O, podrían ser solo voces en su mente, pensamientos que tratan de desanimarlo. Usted tiene que elegir ignorarlos y creer en un mejor informe.

Cuando nuestros hijos estaban pequeños, a veces, uno de ellos hablaba demasiado, y si el otro hijo no quería escuchar más extendían un brazo y decían: "Háblale a la mano". Eso significaba: "Estás hablando, pero yo no estoy escuchando". Eso es lo que necesitamos hacer cuando vienen los pensamientos negativos. En su imaginación, solamente extienda el brazo y diga: "Háblale a la mano. No te estoy escuchando.

ORACIÓN PARA HOY

Padre celestial, gracias porque no importa lo que pase en mi vida, tú eres quien tiene la última palabra. Gracias porque puede mantenerme en fe y elegir no enfocarme en los informes negativos. Creo que cuando haga que mis pensamientos estén de acuerdo con tu Palabra, yo venceré. En el nombre de Jesús. Amén.

PENSAMIENTO PARA HOY

No se sorprenda si el enemigo incluso empieza a recordarle sus fallas, a recordarle las veces que no ha dado la talla. Si usted se pone de acuerdo con Dios y no permite que esas distracciones lo saquen de su curso, Dios lo llevará a donde Él quiere que usted esté.

Día 9

El triunfo empieza en su mente

Lectura bíblica: 2 Corintios 4

No mirando nosotros las cosas que se ven, sino las que no se ven; pues las cosas que se ven son temporales, pero las que no se ven son eternas.

2 Corintios 4:18

Hace varios años, estaba viendo un partido de futbol muy importante. Solamente quedaban unos segundos para el final. El equipo visitante estaba dos puntos abajo y se preparaba para intentar un gol de campo para ganar el partido. El pateador estaba en el campo, estaba preparándose para la patada más importante de su vida. Los hinchas del equipo contrario estaban abucheándolo muy fuerte, gritando y haciendo ruidos tratando de distraerlo. Justo cuando estaba por patear, el otro equipo pidió un tiempo fuera para darle a los hinchas más tiempo para tratar de intimidarlo. En la gran pantalla del estadio, empezaron a pasar videos de todas las veces que este pateador había fallado en el pasado. Pasaron todos los errores que había cometido aun de muchos años atrás, y cada vez que veían una falla, la multitud enloquecía. Con ochenta mil personas gritando en su contra, él dio un paso y pateó el balón pasándolo en medio de los postes y ganó el partido.

Después, un reportero le preguntó cómo pudo manejar tal presión. Él dijo: "no escuché a nadie gritando. Yo solo seguía diciéndome a mí mismo: 'Puedes hacerlo. Tienes lo que se necesita'".

El reportero dijo: "Bueno, ¿qué hay de la gran pantalla donde estaban pasando todas sus fallas?".

"Vi eso", dijo con una sonrisa, "pero solo lo ignoré".

Amigo, el primer lugar donde perdemos el triunfo es en nuestro propio pensamiento. Usted puede sentir como si ochenta mil voces están gritando en su contra en este momento, diciendo: "Nunca funcionará. Este problema es demasiado grande. Podrías conformarte donde estás".

La clave completa está en lo que sucede en su pensamiento. Si usted mantiene sus pensamientos fijos en lo que Dios dice, vencerá los obstáculos y alcanzará sus sueños. Josué 1:8 dice que, si medita en la Palabra de Dios día y noche, prosperará y tendrá éxito.

¿En qué está meditando? Tome la decisión de mantener sus pensamientos fijos en lo que Dios dice. Con determinación, fomente pensamientos de poder: *Soy fuerte. Talentoso. Creativo. Tengo el favor de Dios.* Recuerde, usted llegará a ser aquello en lo que cree.

ORACIÓN PARA HOY

Padre, gracias porque puedo apartar mis pensamientos de lo que esté en mi contra y fijar mis ojos en ti y en lo que me has prometido en tu Palabra. Gracias porque lo que se ve es solo temporal, pero lo que no se ve es eterno. Creo que alcanzaré los sueños que tienes para mí. En el nombre de Jesús. Amén.

PENSAMIENTO PARA HOY

Cuando se levante cada mañana, ubique su mente en la dirección correcta. No medite en el problema. Medite en las promesas. Considérese triunfador. La victoria empieza en su pensamiento.

SECCIÓN V

LLENO DE POSIBILIDADES

Día 1

Viva a la expectativa

Lectura bíblica: Filipenses 1

...estando persuadido de esto, que el que comenzó en vosotros la buena obra, la perfeccionará hasta el día de Jesucristo.

Filipenses 1:6

Cuando una mujer está embarazada, no se ve diferente durante los primeros meses. Tiene la misma figura, usa la misma ropa y tiene la misma cantidad de energía. Desde afuera, no hay ninguna señal de que ella vaya a tener un bebé. Si solamente la viera en lo natural, podría pensar, *ella no está embarazada. No tiene nada diferente*. Pero lo que no puede ver es que, en el interior, una semilla está echando raíz. La concepción ha ocurrido. Después de unos meses de embarazo, se le empieza a notar y sube de peso. Semanas después, siente que algo le patea por dentro. De repente, una patada por aquí, otra por allá. Ella todavía no ha visto al bebé en persona. No lo ha cargado en sus brazos; pero sabe que el bebé está en camino. Nueve meses después de haber concebido, dará a luz a ese pequeño niño.

De igual forma, quizá no se dé cuenta, pero usted ha concebido. Dios ha puesto todo tipo de potencial en usted. Hay dones, talentos e ideas. Él ha puesto sueños, negocios, libros, canciones, sanidad y libertad en usted. Está lleno de posibilidades, concibiendo crecimiento, concibiendo sanidad.

Tal como le sucedió a esta mujer, al principio, quizá usted no vea señal alguna de embarazo, pero no se preocupe. Usted está embarazado con su milagro, embarazado con abundancia. Quizá esté embarazo con un nuevo negocio. En lugar de desanimarse y pensar: *Nunca sucederá. Ha pasado mucho tiempo. He pasado por muchas cosas,* su actitud debería ser, *siento que algo me patea por dentro. Sé que algo bueno está creciendo. Daré a luz lo que Dios puso en mí.*

Quizá ha luchado con una adicción durante mucho tiempo. En lugar de creer la mentira que dice que nunca será libre, diga: "No, estoy embarazado con libertad. He concebido plenitud. Quizá no vean cambio alguno en mí, pero yo puedo sentir las patadas. Puedo sentir que algo se mueve en mi espíritu". Cuando usted viva con ese tipo de expectativa, dará a luz a lo que Dios puso en usted.

ORACIÓN PARA HOY

Padre que estás en los cielos, gracias por todo el potencial que has puesto en mí, todos los dones, talentos e ideas. Gracias porque la semilla está arraigándose en mi vida y está creciendo. Yo tengo una expectativa total y declaro que daré a luz a lo que has puesto en mí. En el nombre de Jesús. Amén.

PENSAMIENTO PARA HOY

Solo porque usted no ve que algo suceda, no significa que no va a pasar. La semilla que Dios puso en usted ya ha echado raíz. La concepción ha sucedido. Su momento se acerca.

Dé a luz lo que Dios puso en usted

Lectura bíblica: Lucas 18

Y Él respondió: Lo imposible para los hombres, es posible para Dios.

Lucas 18:27, LBLA

El Salmo 7:14 dice que "conciben el mal; están preñados de dificultades y dan a luz mentiras" (NTV). La buena noticia es: ese no es usted. Usted está justificado. No concibió maldad, de malas circunstancias, enfermedad, carencia o depresión. Usted está lleno de favor, lleno de talento, lleno de victoria. Durante todo el día, continúe diciendo: "Señor, te agradezco porque estoy lleno de Tus promesas, porque daré a luz a todo lo que has puesto en mí". Quizá usted no vea cambios. En lo natural, pareciera como si nunca va a funcionar, pero en lo profundo de su espíritu, elija creer que esa concepción ha sucedido. En el tiempo perfecto de Dios, cuando todo esté listo, dará a luz.

Quizá su familia esté luchando con la disfuncionalidad en su casa. No viva preocupado. Usted ha concebido la restauración, ya concibió la solución. Quizá su negocio esté lento y haya perdido a su cliente principal. Podría desanimarse fácilmente, pero usted puede sentir algo pateando en su interior, algo que dice: "Eres cabeza y no cola. Todo lo que toques prosperará y tendrá éxito". Tal vez su sueño parece imposible. Ha pasado mucho tiempo, hizo su mejor esfuerzo, y no funcionó; pero muy adentro, sin que pueda evitarlo, algo continúa pateando, diciéndole que aún está en camino. Lo que Dios comenzó, lo terminará.

Recientemente, hablé con un caballero a quien le diagnosticaron cáncer. Los doctores le dijeron que era de una clase muy invasiva y que se propagaría con rapidez. Después de la cirugía programada, él tendría que someterse a un año de quimioterapia. El pronóstico no se veía bien, pero él no se deprimió. Él no andaba diciendo: "Dios, ¿por qué yo?". Él comprendió el principio de que ya había concebido sanidad. Los doctores llevaron a cabo la cirugía. Después, entraron a su habitación en el hospital, rascándose la cabeza. Ellos habían asegurado que el cáncer era muy peligroso e invasivo, pero cuando hicieron las pruebas nuevamente, no era lo que habían pensado. Pudieron quitar todo, él ya no necesitaba ningún otro tratamiento y estaba totalmente libre de cáncer.

ORACIÓN PARA HOY

Padre, gracias porque puedo hacer a un lado cualquier preocupación y desánimo. Gracias porque en tu tiempo perfecto, cuando todo esté listo, incluso lo que parece imposible es posible para ti. Creo que lo que has empezado en mi vida lo terminarás. Obedeceré tu Palabra. En el nombre de Jesús. Amén.

PENSAMIENTO PARA HOY

Deje de decirse a sí mismo que nunca saldrá adelante, que no tiene suficiente de esto, suficiente de aquello. Usted ha concebido el triunfo, ha concebido las ideas, ha concebido su destino. Dará a luz a lo que Dios puso en usted.

Día 3

No se deje llevar por sus circunstancias

Lectura bíblica: Génesis 17

Entonces Abraham se postró sobre su rostro, y se rió, y dijo en su corazón: ¿A hombre de cien años ha de nacer hijo? ¿Y Sara, ya de noventa años, ha de concebir?

GÉNESIS 17:17

En la Escritura, Sara tenía más de noventa años cuando dio a luz a Isaac. En lo natural, eso es ser bastante vieja, pero nosotros servimos a un Dios sobrenatural. Él puede hacer un camino donde no lo hay. No aborte a su bebé. No se convenza a sí mismo de no poder alcanzar sus sueños. No se dé por vencido en aquello que Dios le prometió. Usted aún puede dar a luz. Aún puede conocer a la persona indicada, aún puede empezar su propio negocio, aún puede ir a la universidad, aún puede romper esa adicción. La semilla vive en usted.

Esta es la clave: Usted no puede juzgar lo que está en su interior por lo que está a su alrededor. Todas las circunstancias de Sara decían: "Serás estéril toda tu vida. Estás muy vieja. Ninguna mujer de tu edad tiene bebés. Es imposible". Si ella hubiera creído esa mentira, si hubiera permitido que esa semilla echara raíz, el nacimiento milagroso nunca habría sucedido. Puede atraer lo negativo con sus dudas o puede atraer las bendiciones de Dios con su fe. No permita que lo que ve a su alrededor haga que se dé por vencido ante sus propios sueños.

Recientemente estuve en una gran ciudad. Parte de la ciudad era muy bella, pero la otra parte estaba muy deteriorada. Había kilómetros y kilómetros de casas abandonadas. Cuando pasamos por ese vecindario durante el día, había cientos, si no miles, de personas afuera: jóvenes y viejos, solo pasando el tiempo, sin propósito aparente ni dirección. Para la mayoría de esas personas, eso es todo lo que habían conocido en su vida. Nacieron allí. Crecieron en los complejos de casas subvencionadas, viviendo en medio de las drogas, la disfunción y la violencia.

Quizá usted esté ahora en algún tipo de ambiente limitado. En lo natural, no hay una manera obvia de que pueda salir, obtener educación y llegar a triunfar, pero lo que esté a su alrededor no determina lo que Dios puso en usted. Usted tiene semillas de grandeza. Está lleno de capacidad y de talento. Dios no creó a nadie sin ponerle algo significativo en su interior. No permita que lo externo, la manera en que fue criado, la carencia, la disfunción, lo convenza de abortar su sueño. Usted verá oportunidades sobrenaturales, bendiciones explosivas y contactos divinos. Dios va a ayudarlo a llegar a donde no puede ir por sí mismo.

ORACIÓN PARA HOY

Padre celestial, gracias porque no estoy limitado por mis circunstancias. Gracias porque lo que me rodea no determina las semillas de grandeza que tú has puesto en mí. Creo que los planes maravillosos y sobrenaturales que tienes para mí me llevarán a donde nunca podría ir por mí mismo. En el nombre de Jesús. Amén.

PENSAMIENTO PARA HOY

Cuando usted se queda en silencio, solo en la noche, cuando está a solas con Dios, si escucha cuidadosamente, podrá oír que alguien susurra: "Este no es tu destino. Fuiste hecho para más". ¿Qué es eso? Ese es su bebé pateando. Se debe a que va a dar a luz.

Solo es cuestión de tiempo

Lectura bíblica: Salmo 65

Coronas el año con una copiosa cosecha; hasta los
senderos más pisoteados desbordan de abundancia.

Salmo 65:11, ntv

Eso le sucedió a mi padre. Las estadísticas durante la Gran Depresión decían que él tendría que quedarse en las plantaciones cosechando algodón el resto de su vida. Nadie en su familia había hecho algo diferente. Pero las estadísticas no determinan su destino; Dios sí. No se convierta en una víctima del entorno. El lugar donde está no es lo que usted es.

Papá me dijo: "Joel, cuando yo tenía diecisiete años, tomé la decisión de que mis hijos nunca serían criados en la misma pobreza y la escasez que yo crecí". ¿Qué sucedió? Él había concebido. Él podía sentir a ese bebé pateando en su interior. Pero si alguien hubiera estudiado a mi padre en ese entorno limitado, hubiera dicho: "John, no hay nada especial en ti. No vas a hacer nada grandioso". En otras palabras: "No has concebido. No hay indicios externos. No se te nota. Te ves igual". Pero lo que ellos no podían ver era que la concepción ya había ocurrido. Mi padre se veía igual por fuera, pero en su interior la semilla había echado raíz. Él sabía que estaba destinado a dejar huella en su generación. Él no permitió que la gente lo convenciera de lo contrario. Él no permitió que su entorno lo retuviera. Él tenía mejores pensamientos. Él continuaba orando, creyendo y dando pasos de fe. Él dio a luz todo lo que Dios puso en él.

Así como sucedió con mi padre, las probabilidades pueden

estar apiladas en su contra. El informe médico no se ve bien o su entorno no es sano. Nadie le apoya, y usted no tiene las relaciones o los recursos para llegar allí por sí mismo. No se convenza de renunciar. Siga recordándose que usted ya concibió. La semilla que su Creador puso en usted ya ha echado raíz. No tiene nada que ver con lo que tiene o no tiene, con la familia de donde proviene o cuán talentoso sea. Es una semilla de destino. Cuando usted dé a luz, irá más lejos de lo que jamás imaginó.

ORACIÓN PARA HOY

Padre, gracias porque siempre puedo continuar teniendo mejores pensamientos. Gracias porque puedo seguir orando, creyendo y dando pasos de fe. Declaro que la semilla de destino que has puesto dentro de mí se ha arraigado y que a medida que ande contigo en fe, tú me llevarás más lejos de lo que jamás imaginé. En el nombre de Jesús. Amén.

PENSAMIENTO PARA HOY

En lugar de pensar que su vida siempre será como es ahora, continúe recordándose a sí mismo que usted ha concebido. Está esperando. Es cuestión de tiempo antes de que dé a luz. Nada puede arrebatarlo de las manos de Dios.

Día 5

Usted puede ser quien rompa la barrera

Lectura bíblica: Jueces 4

Dijo también Dios a Abraham: A Sarai tu mujer no la llamarás Sarai, mas Sara será su nombre. Y la bendeciré, y también te daré de ella hijo; sí, la bendeciré, y vendrá a ser madre de naciones; reyes de pueblos vendrán de ella.

GÉNESIS 17:15–16

Sara tenía ochenta años y nunca había tenido un bebé, cuando Dios le dijo a Abraham que él tendría un hijo como heredero. A donde ella volteara a ver, decía que sería estéril toda su vida. Ella no podía encontrar ninguna otra mujer de ochenta años de edad que hubiera tenido un bebé. Si hubiera podido encontrar una por lo menos, ella habría podido decir: "Dios, lo hiciste por ella. Puedes hacerlo por mí". Pero no pudo encontrar ninguna.

Usted podría ver su entorno y pensar: *yo no conozco a nadie que haya salido de mi vecindario y hecho algo significativo. No conozco a nadie que haya vencido la enfermedad con la que yo estoy luchando. Nadie en mi familia ha podido romper estas adicciones.* La buena noticia es que usted puede ser el primero. Puede establecer un nuevo estándar. Puede ser quien rompa la barrera.

En efecto, Dios le dijo a Sara: "Te daré un hijo. Serás madre de naciones. Reyes de pueblos saldrán de ti". Esa es una mujer de ochenta años, estéril. Vive en el desierto, sin procedimientos médicos y sin tratamientos contra la infertilidad a su disposición, aun así, Dios dice: "Tienes reyes dentro de ti. Tienes naciones en ti". Él estaba diciendo: "Sara, no permitas que las circunstancias te engañen. No dejes que tu entorno te convenza de lo contario. No permitas que tus propios pensamientos te desanimen. Estás embarazada de grandeza".

Dios le dice lo mismo a usted. "Tú tienes reyes en ti. Tienes grandeza en tu interior. Estás lleno de éxito. Lleno de talento".

No ande por allí negativo y quejándose. Cámbielo con base a mejores pensamientos. "Todas mis circunstancias dicen que seré estéril toda mi vida, nunca conoceré a la persona indicada, nunca terminaré con la adicción, pero en lo profundo de mi ser puedo sentir que algo se mueve en mi espíritu". O, "el informe médico no se ve bien, pero puedo sentir las patadas sanadoras dentro de mí. Ningún arma forjada contra mí prosperará". O, "No parece que alguna vez podré salir de deudas, pero puedo sentir a la abundancia pateándome por dentro. Yo prestaré, pero no pediré prestado".

ORACIÓN PARA HOY

Padre que estás en los cielos, gracias por el movimiento que siento en mi espíritu. Gracias porque tu Santo Espíritu me anima a creer tus promesas que hablan de derrumbar las barreras que se forman contra mí. Creo que tú lo hiciste por Sara y lo harás por mí también. En el nombre de Jesús. Amén.

PENSAMIENTO PARA HOY

Dese cuenta que está lleno de posibilidades. No es demasiado tarde. No ha perdido su oportunidad. Está embarazado de su destino.

Día 6

¡Despierte!

Lectura bíblica: Jueces 5

Despierta, despierta, Débora; despierta, despierta, entona cántico. Levántate, Barac, y lleva tus cautivos…

JUECES 5:12

El profeta Joel dijo: "¡Despertad a los valientes, despertad a las valientes!". Estoy aquí para despertar sus sueños, despertar sus talentos, despertar su potencial, despertar lo que Dios puso en usted. Quizá permitió que algunas circunstancias lo convencieran de que algo nunca sucederá, pero yo creo que usted empezará a sentir algunas patadas en su interior. Ese bebé, ese sueño, esa promesa aún vive en usted. Será mejor que se prepare. Dará a luz a algo que le llevará más allá de lo que usted jamás imaginó. Lo impulsará a un nuevo nivel de su destino.

Una dama me contó que había tenido un derrame cerebral. Había estado en el hospital durante tres semanas y, finalmente, había podido regresar a casa; sin embargo, estaba muy deprimida. Ella pensaba que nunca podría volver a caminar. Perdió su pasión, perdió su impulso. Pero la Escritura habla acerca de pelear la buena batalla de la fe. Todos hemos tenido malas circunstancias y decepciones. Esos desafíos no están allí para derrotarlo; están allí para promoverlo. Al otro lado hay un nuevo nivel de la bondad de Dios. Pero usted tiene que hacer su parte y recuperar su fuego.

Un domingo, esta dama me escuchó hablando en televisión acerca de cómo Dios quiere restituir lo que ha sido robado, de la forma en que Él puede dar belleza por cenizas, la manera en que usted aún puede vivir plena y saludablemente. Cuando escuchó eso, ella dijo que algo despertó en su espíritu. Algo tomó vida en su interior. ¿Qué sucedió? Ese bebé empezó a patear. Ella ya estaba embarazada de sanidad. Dios ya tenía la restauración allí, pero cuando su espíritu cobró vida, cuando empezó a creer, allí fue cuando las cosas empezaron a cambiar. En lugar de estar pensando: *Nunca volveré a caminar. Nunca me pondré bien*, ella empezó a declarar: "Estoy sana. Soy fuerte. Soy capaz. Estoy restaurada". Contra toda posibilidad, ella empezó a caminar de nuevo. Está poniéndose más fuerte y sana. Todo empezó cuando algo despertó en su espíritu.

ORACIÓN PARA HOY

Padre, gracias por tu llamado para que yo despierte y vea la promesa y el sueño que pusiste en mí. Gracias porque los desafíos de mi vida, las malas circunstancias y las decepciones están allí para transformarme y no para vencerme, para enfocar mi mente en ti y en tus promesas y no en mis circunstancias. Pelearé la buena batalla de la fe. En el nombre de Jesús. Amén.

PENSAMIENTO PARA HOY

Quizá, al igual que ella, usted ha permitido que algo le robe su pasión. Reconozca que todo lo que necesita ya está en usted. Si aviva su fe, como lo hizo ella, y se pone de acuerdo con Dios, dará a luz a su sanidad, dará a luz a sus sueños, dará a luz a esas promesas.

Día 7

Identifique los verdaderos dolores de parto

Lectura bíblica: Romanos 5

Y no sólo esto, sino que también nos gloriamos en las tribulaciones, sabiendo que la tribulación produce paciencia; y la paciencia, prueba; y la prueba, esperanza.

ROMANOS 5:3–4

Bien, Joel, tengo sueños grandes y me aferro a las promesas de Dios, pero todo está en mi contra. Pareciera como si mientras más oro, peor se pone. Estoy haciendo lo correcto, pero lo malo está sucediendo". Esto es lo hermoso: El dolor es una señal de que está a punto de dar a luz. Problemas, dificultades, incomodidad: son señales de que se está acercando.

Cuando Victoria estaba embarazada con nuestros dos hijos, los primeros meses no fueron gran problema, todo estaba bien. Sin embargo, cuando ya llevaba unos siete u ocho meses, le empezó a doler la espalda, sus pies se empezaron a hinchar y no podía dormir bien en la noche. Mientras más avanzaba el embarazo, más incómoda estaba. Cuando empezó el trabajo de parto, yo estaba en la sala de alumbramiento justo a la par de su cama, y ella tenía su mano en mi brazo. Cuando tenía una contracción, dolía tanto que ella me apretaba el brazo tan fuerte como podía. Ella gritaba y luego yo gritaba. Mientras más cerca estaba el nacimiento, más doloroso era. Cuando todo viene en su contra, sus hijos no se comportan, tiene problemas en el trabajo, reveses financieros, no se desanime. Usted está a punto de dar a luz. Está a punto de ver el cumplimiento de su promesa.

Es durante los tiempos difíciles que mucha gente aborta su sueño pensando: *Sabía que no funcionaría. El banco me rechazó. El informe médico fue malo. No me dieron el ascenso.* Reconozca que esos son dolores de parto. Usted se está acercando. Mantenga su fe. Siga haciendo lo correcto. El alumbramiento está en camino. Claro, usted puede haber tenido algunas malas circunstancias, pero Dios tiene la última palabra y Él dice que el alumbramiento está cerca; lo que Él ha prometido está por llegar. Siga honrándolo, siga dando lo mejor de sí y yo creo y declaro que usted dará a luz a todo lo que Dios puso en usted y que se convertirá en todo aquello para lo que Dios lo creó.

ORACIÓN PARA HOY

Padre celestial, gracias porque cualquier cosa que venga contra mí, cualquier dolor y sufrimiento, es solamente una señal de que estoy a punto del alumbramiento. Gracias porque puedo perseverar a través de los dolores de parto y porque lo que tú has prometido está por llegar. Seguiré honrándote y dando lo mejor de mí. En el nombre de Jesús. Amén.

PENSAMIENTO PARA HOY

Sea optimista. Cada mañana, recuérdese a sí mismo que está lleno, no de rechazo, fracaso, desilusiones ni derrota. Está lleno de triunfo, lleno de éxito, lleno del favor de Dios.

Día 8

La dificultad es parte del proceso de alumbramiento

Lectura bíblica: Santiago 1

Tened por sumo gozo cuando os halléis en diversas pruebas, sabiendo que la prueba de vuestra fe produce paciencia. Mas tenga la paciencia su obra completa, para que seáis perfectos y cabales, sin que os falte cosa alguna.

SANTIAGO 1:2–4

Escuché una historia acerca de una pareja joven que iba caminando por el bosque y llegaron a una gran área de hongos silvestres. Decidieron llevar algunos a casa y cocinarlos. Invitaron a sus amigos a cenar en su casa. Una de las guarniciones era hongos salteados. En algún punto, la gata gorda de la familia, a quien le encantaba comer, se acercó al comedor. El esposo agarró algunos hongos y se los dio a la gata, quien se los comió como si fuera el postre. Aproximadamente una hora después, oyó a la gata haciendo ruidos extraños. Se apresuró a la otra habitación a ver qué le pasaba; el gato estaba tirado sobre su espalda, con espuma en la boca, con intenso dolor. Llamó al veterinario y este preguntó: "¿Qué comió el gato recientemente?"

"Hongos silvestres", dijo el hombre sintiendo un poco de pánico, "pero todos nosotros también comimos".

"Tal vez sean venenosos", dijo el veterinario. "Es mejor que vayan a la sala de urgencias y los examinen de inmediato".

El hombre y todos sus invitados se apresuraron hacia la sala de urgencias. Unas horas después, cuando regresaron a la casa, el hombre fue a ver a la gata pensando que estaría dormida. En vez de eso, la gata estaba echada tranquilamente sobre su costado con los siete gatitos que acababa de dar a luz.

A veces, lo que pensamos que es un revés, en realidad es trabajo de parto. Esa dificultad que usted está enfrentando no es el fin; es parte del proceso de alumbramiento. Usted está a punto de entrar a un nuevo nivel de su destino. No se desanime por la decepción, la puesta cerrada, o las malas circunstancias. Eso es una señal de que está a punto de dar a luz a algo más grande.

Génesis 3:15 dice: "La simiente de la mujer aplastará la cabeza de la serpiente" (parafraseado). Recuerde que la serpiente engañó a Eva en el huerto del Edén y le provocó todo tipo de problemas. Lo que Dios efectivamente dice es: "Eva es tiempo de la revancha. A pesar de los dolores de parto, vas a dar a luz a algo que va a derrotar aquello que ha tratado de vencerte. Tu simiente aplastará su cabeza".

ORACIÓN PARA HOY

Padre, te doy gracias porque las pruebas que enfrento no son reveses; más bien, son solamente parte del proceso de alumbramiento. Gracias porque puedo enfrentarlos con una actitud de gozo, sabiendo que tú vas a terminar la obra en mí y me llevarás a la madurez y a la culminación. En el nombre de Jesús. Amén.

PENSAMIENTO PARA HOY

Jesús dijo: "De su interior fluirán ríos de agua viva". Dé a luz a lo que Dios puso en usted. Si atraviesa por esos dolores de parto y da a luz a ese sueño, ese don, ese talento, entonces, su promoción, su sanidad, su avance vendrá desde adentro de usted.

Día 9

Siga tratando, siga creyendo

Lectura bíblica: 1 Pedro 5

Humillaos, pues, bajo la poderosa mano de Dios, para que
él os exalte cuando fuere tiempo; echando toda vuestra
ansiedad sobre él, porque él tiene cuidado de vosotros.

1 PEDRO 5:6–7

Leí acerca de un caballero que tuvo una vida difícil. Cuando tenía dos años de edad, su padre abandonó a su madre. Ella los crio, a él y a su hermano, sola. Conoció y se enamoró de su esposa en la universidad, pero era tan pobre que para su boda tuvo que pedir prestado un traje y una corbata. Él y su esposa tuvieron un bebé y vivían en una casa rodante, vieja y en ruinas. Él conducía un carro oxidado que se mantenía entero a base de cinta adhesiva y alambre. En los veranos, trabajaba para una empresa de lavandería durante el día ganando sesenta dólares a la semana. Por la noche, trabajaba como conserje, limpiando oficinas. Él tenía el sueño de llegar a ser escritor, pero comprar una máquina de escribir estaba fuera de su alcance. Tenía que usar la máquina de escribir portátil que su esposa usaba en la universidad y acomodarse en el pequeño cuarto de lavandería.

Cuando no estaba trabajando, pasaba hora tras hora escribiendo historias de ficción. Enviaba los manuscritos de sus novelas a diferentes editoriales y agentes, pero todas fueron rechazadas. Él ni siquiera sabía en realidad si ellos las leían. Empezó a escribir una última historia, pero estaba tan desanimado que tiró el manuscrito en la basura. Su esposa regresó a casa y lo encontró arrugado en el basurero, lo sacó, y con el tiempo enviaron la historia a una editorial diferente. Esta vez, el publicista respondió y le ofreció un contrato. La historia vendió más de cinco millones de libros. En 1976, hicieron una película de ella. Ese joven era Stephen King, uno de los escritores más exitosos de nuestro tiempo.

Al igual que él, algunos de ustedes han concebido un libro, un negocio, o una obra benéfica. Han tenido decepciones, trataron y no funcionó; sin embargo, todavía pueden sentir las patadas por dentro. No puede alejarse de ello. No puede disuadirse de no hacerlo. Todo es parte del proceso. Continúe tratando, siga creyendo, siga haciendo todo lo que pueda y, en el momento justo, dará a luz. Las personas indicadas, las oportunidades correctas y las circunstancias adecuadas llegarán. No puede hacer que suceda por sus propios medios; será la mano de Dios la que lo haga.

ORACIÓN PARA HOY

Padre que estás en los cielos, gracias porque puedo humillarme bajo tu mano poderosa, sabiendo que, aunque yo no puedo hacer que las cosas sucedan por mis propias fuerzas, tú puedes y lo harás. Creo que en el momento justo llegará la gente indicada, las oportunidades correctas y las circunstancias adecuadas. En el nombre de Jesús. Amén.

PENSAMIENTO PARA HOY

Lo que Dios ha puesto en usted será más grande de lo que se haya podido imaginar, mejor que nada de lo que haya soñado jamás, y más satisfactorio de lo que jamás pensó posible. Sea paciente, persevere, prepárese para dar a luz al destino que Dios tiene para usted; el cual madurará, será completo y nada le hará falta.

SECCIÓN VI

LA PROMESA
ESTÁ EN USTED

Día 1

Hay algo especial en usted

Lectura bíblica: Jeremías 1

Antes que te formase en el vientre te conocí,
y antes que nacieses te santifiqué...

JEREMÍAS 1:5

Muchas veces, vemos a los demás y pensamos: *Caramba, ellos son tan extraordinarios y yo soy tan ordinario.* O decimos: "Mi prima es tan hermosa, pero yo soy muy simple". Regresamos a casa después del trabajo y le decimos a nuestro cónyuge: "Mi compañero de trabajo es tan inteligente y yo soy tan corriente". Aunque es cierto que ellos podrían ser extraordinarios en ciertas áreas, tiene que darse cuenta que también hay algo sorprendente en usted. Tiene talento, es atractivo y ha sido asombrosa y maravillosamente creado. Dios no quiere que solo andemos celebrando a los demás, animándolos, aunque eso es bueno. Dios quiere que usted también sea celebrado. Usted no fue excluido cuando Dios estaba entregando los dones, los talentos o la apariencia. Él puso algo en usted que hará que brille. Usted puede ser un gran comerciante, un gran empresario, un gran maestro, una excelente madre. Si se enfoca mucho en lo que tienen los demás, no se dará cuenta de lo que usted tiene.

Durante la Segunda Guerra Mundial, la famosa actriz, Betty Grable, era conocida por sus hermosas piernas. Su estudio las tenía aseguradas con el Lloyd's of London por un millón de dólares. Algo nunca oído en ese entonces, un par de piernas valían un millón de dólares. ¿Quiere ver otro par de piernas de un millón de

111

dólares? Mire las suyas. Si alguien le ofreciera un millón de dólares por sus piernas, usted no lo aceptaría.

Hace algunos años, un hombre perdió un brazo en un accidente. La corte le dio once millones de dólares por ese brazo. Mire su brazo. Vale once millones de dólares. En otra ciudad, una joven se lastimó la espalda mientras iba en un autobús y perdió su capacidad para trabajar. La ciudad le dio veinte millones de dólares. Piénselo. Solo esas tres cosas y usted ya vale treinta y dos millones de dólares. Está empezando a sentirse mejor de sí mismo, ¿cierto? A veces celebramos a los demás, pero Dios dice que es tiempo de celebrarse a sí mismo. Hay algo especial en usted.

ORACIÓN PARA HOY

Padre, gracias por la gente maravillosa que has traído a mi vida, y gracias porque tú me has hecho maravilloso a mí también. Gracias porque me formaste antes de que naciera y me diste los dones y talentos que tengo. Tú me formaste como persona y lo celebro. Creo que he sido hecho asombrosa y maravillosamente a tu imagen. En el nombre de Jesús. Amén.

PENSAMIENTO PARA HOY

Tiene que saber quién es usted. Dios sopló Su vida en usted. Usted no es una persona promedio. No es ordinario. Usted es la obra maestra de Dios. No se compare con nadie. ¡Celébrese!

Día 2

Es momento de dar el paso

Lectura bíblica: Salmo 149

Porque Jehová tiene contentamiento en su pueblo;
hermoseará a los humildes con la salvación.

SALMO 149:4

Durante muchos años, celebré a mi padre. Mi papá era mi héroe. Cuando era pequeño, solíamos viajar a diferentes ciudades y yo veía a mi padre en la plataforma, hablando ante miles de personas. Él era muy cariñoso y amigable. Todos lo amaban. Yo estaba tan orgulloso de que él fuera mi padre. En mi subconsciente, yo pensaba: *Nunca podría hacer eso. Él tiene mucho talento. Es tan diestro.* Al terminar la universidad, trabajé con mis padres en la iglesia, tras bambalinas, haciendo la producción de televisión. Una semana tras otra, veía a mi padre en la plataforma ministrando, marcando la diferencia, haciendo algo grande. Hice lo mejor que pude para que mi padre se viera bien. Me aseguré de que los ángulos de la cámara fueran buenos y que la luz fuera perfecta. Incluso, iba a su casa los sábados por la noche para escoger el traje y la corbata que usaría la mañana siguiente para la televisión y los servicios en la iglesia.

A medida que mi padre fue envejeciendo, la gente preguntaba: "Joel, ¿qué va a pasar cuando tu papá se vaya con el Señor? ¿Quién será el pastor de la iglesia?". Mi padre nunca capacitó ni asignó a un sucesor. A lo largo de los años, muchas veces intentó que yo ministrara, pero yo no creía tener el don. Sin embargo, cuando él murió en 1999, repentinamente, tuve el fuerte deseo de dar el paso y ser pastor de la iglesia. Nunca había ministrado antes, tampoco fui al seminario. Sin embargo, en el fondo, escuché esa pequeña y suave voz diciendo: "Joel, has pasado toda tu vida celebrando a otros. Ahora es tiempo para que tú seas celebrado. Es tiempo que des el paso hacia un nuevo nivel de tu destino". Siempre supe que Dios tendría cuidado de la iglesia después de que mi padre se fuera, pero nunca soñé que sería a través mío. Pensé que la promesa sucedería en otro momento, pero descubrí que la promesa estaba en mí.

Dios le dice lo mismo. Usted ha celebrado a otros. Ahora es tiempo de celebrarse a sí mismo. Es tiempo de que usted tenga mejores pensamientos acerca de sí mismo. Es tiempo que usted brille.

ORACIÓN PARA HOY

Padre celestial, gracias porque tú te deleitas en tu pueblo,
te deleitas en mí y me coronas de victoria. Gracias porque
puedes hacer brillar tu luz a través de mí en maneras que
nunca imaginé posibles. Creo que tú has puesto una promesa
en mí que yo debo cumplir. En el nombre de Jesús. Amén.

PENSAMIENTO PARA HOY

Hay una semilla en su interior esperando a florecer. Quizá
no se sienta que puede hacerlo, pero Dios no le habría
dado la oportunidad a menos que Él ya lo hubiera equipado y facultado. Usted tiene todo lo que necesita.

Día 3

¿Qué ha puesto Dios en usted?

Lectura bíblica: Salmo 23

El Señor es mi pastor, tengo todo lo que necesito.

Salmo 23:1, NTV

Escuché acerca de un ministro que, antes de uno de los servicios matutinos, le dio a un hombre un billete de cien dólares y le pidió que lo colocara, sin que ella se diera cuenta, entre la Biblia de su esposa y que se asegurara de que ella no lo viera. Todos ellos eran amigos, así que el hombre hizo lo que el ministro le pidió.

Durante el sermón, el ministro le pidió a la esposa de este hombre que se pusiera de pie. Le dijo: "¿Confías en mí?".

Ella sonrió y, aunque indecisa y preguntándose qué estaba tramando, dijo: "Sí confío".

"¿Harás lo que te pida?".

Ella continuaba con su mirada inquisitiva y asintió diciendo: "Sí, lo haré".

"Entonces, abre tu Biblia y dame un billete de cien dólares".

"Oh, lo siento mucho", dijo ella, negando con su cabeza. "No tengo un billete de cien dólares".

"¿Confías en mí?" insistió el ministro un poco más.

"Sí, confío".

"¿Harás lo que te pida?"

"Sí, lo haré".

"Entonces, abre tu Biblia y dame un billete de cien dólares".

Con renuencia, abrió su Biblia y, para su gran sorpresa, vio el dinero allí. Movió su cabeza nuevamente, riendo, y preguntó "¿Cómo llegó allí?".

El ministro sonrió y dijo: "Yo lo puse allí".

De la misma manera, Dios nunca le pedirá a usted algo sin antes haberlo puesto en su interior. Cuando Dios le da un sueño, cuando tiene un deseo y sabe que debe dar un paso de fe, usted podría sentir que no está completamente calificado. Podía decirse a sí mismo que no tiene la sabiduría, el conocimiento o la capacidad para dar ese paso. Sin embargo, si se atreve a darlo, así como lo hice yo, descubrirá que hay en usted cosas que nunca supo que tenía. Yo nunca supe que el don para ministrar estaba en mí. Nunca supe que podía pararme al frente de la gente y ministrarles. Me pregunto cuándos dones tiene, en este momento, solo esperando a ser liberados.

ORACIÓN PARA HOY

Padre, gracias porque tú eres mi Pastor y porque en ti nada me faltará. Gracias por proveerme los dones, la sabiduría y el conocimiento para cumplir el sueño que has puesto en mi corazón. Espero con emoción dar los nuevos pasos de fe y descubrir todo lo que tienes para mí. En el nombre de Jesús. Amén.

PENSAMIENTO PARA HOY

Quizá piense que ha pasado mucho tiempo. Que es muy viejo. Que ha perdido demasiadas oportunidades. Dios dice: "Aún puedes hacer algo grande". La Escritura nos dice que avivemos el fuego, que pongamos los dones en movimiento, porque la promesa está en nosotros.

Día 4

La promesa viene a través de usted

Lectura diaria: Génesis 21

Entonces el Señor visitó a Sara como había dicho, e hizo el Señor por Sara como había prometido. Y Sara concibió y dio a luz un hijo a Abraham en su vejez, en el tiempo señalado que Dios le había dicho.

GÉNESIS 21:1–2

Cuando se trata de recibir la promesa de Dios, Sara, la esposa de Abraham, casi la pierde. Ella pensó que la promesa de Dios llegaría a través de alguien más. Dios le dijo que ella iba a hacer algo grande. Que iba a tener un hijo a una edad mayor y que su esposo llegaría a ser padre de muchas naciones. Ella dijo: "Dios, eso es imposible. Tengo ochenta años. Eso no ha sucedido nunca. Seguramente no te estoy escuchando bien". Pensando que no podría suceder por medio de ella, Sara tomó el asunto en sus propias manos. Hizo que Abraham durmiera con una de sus sirvientas, Agar, y ellos tuvieron un hijo llamado Ismael. Sara vio y dijo: "Allí está, el hijo de la promesa".

Dios respondió: "No, Sara, Yo no dije que la promesa estaba en alguien más. Dije que la promesa está en ti. Has pasado toda tu vida celebrando a los demás, pero ahora es tiempo de que tú seas celebrada. Vas a dar a luz. Vas a tener ese bebé. Dejarás huella en la historia". Esos eran los mejores pensamientos que ella debió haber creído en primer lugar; los cuales les habrían evitado muchos problemas familiares con Ismael. Como era de esperarse, cuando Sara tenía más de noventa años de edad, tal como Dios lo había dicho, dio a luz a ese bebé. La promesa fue cumplida.

Lo que Dios ha puesto en su corazón no sucederá a través de su vecino, su primo, su compañero de trabajo, su amigo o sus padres. Dios dice: "Te he ungido a ti. Te he equipado a ti. He soplado Mi vida en ti". Ahora, deje de buscar a alguien más. Deje de pensar que no tiene lo necesario. Usted ha sido escogido por el Creador del universo. No necesita que nadie más dé a luz la promesa que Dios puso en su corazón.

ORACIÓN PARA HOY

Padre que estás en los cielos, gracias por la promesa que has puesto en mi corazón, y reconozco que tú eres quien hará que suceda a través de mí y de nadie más. Gracias por confiarme esa promesa y equiparme. Creo que será cumplida a medida que camino contigo en fe. En el nombre de Jesús. Amén.

PENSAMIENTO PARA HOY

En lugar de reaccionar al principio como lo hizo Sara: "Está bien, Dios, voy a ir a buscar a alguien más joven, más inteligente, mejor educada y más talentosa", diga: "Tengo lo necesario. No voy a perder esta oportunidad. Esta es mi promesa, ¡mi momento!".

Día 5

Usted es la persona adecuada

Lectura bíblica: Éxodo 3

Entonces Moisés respondió a Dios: ¿Quién soy yo para que vaya a Faraón, y saque de Egipto a los hijos de Israel?

Éxodo 3:11

El Dr. Todd Price creció siendo muy pobre y vivía en un pueblo pequeño. No parecía tener mucho futuro. Sin embargo, cuando era un niño pequeño, tenía el deseo de ayudar a los niños necesitados. Un día vio un programa en televisión que describía cómo uno puede ser patrocinador de un niño necesitado en un país del tercer mundo por quince dólares al mes. Él no tenía dinero, pero su corazón se conmovió tanto que empezó a cortar el césped y a hacer trabajos de jardinería en el vecindario para recaudar el dinero. Cuando apenas tenía doce años, él empezó a patrocinar a una pequeña niña que vivía al otro lado del mundo. ¿Qué provocó que él hiciera eso? ¿Por qué sentía esa compasión? Era la promesa que Dios puso en él. Era la semilla de grandeza esperando a ser desarrollada.

El Dr. Price no fue criado en un hogar religioso; sin embargo, cada noche, antes de acostarse, él decía: "Dios, por favor envía a una persona rica a ayudar a esos niños necesitados". Él pudo asistir a la universidad y, durante los veranos, hacía viajes a otros países con un grupo de doctores para tratar a niños necesitados. Cuando veía en sus ojos, él oraba aún con más fervor: "Dios, por favor, envía a una persona rica a ayudar a estos niños". Él encontró una manera para asistir a la facultad de medicina y continuó viajando a otros países. Con el tiempo, llegó a ser doctor y empezó su propia clínica. Uno de sus principales proveedores escuchó que él ayudaba a niños necesitados y le preguntó si le serviría tener suministros médicos, vacunas y antibióticos gratuitos. Por supuesto que sí, y pronto el Dr. Price empezó a llevar un par de valijas llenas de medicamentos en cada viaje. Creció al punto en que él tuvo que poner los suministros médicos en cajas y enviarlos por carga. Todo mientras él seguía orando: "Dios, por favor, envía a una persona rica a ayudar a estos niños necesitados".

En los últimos años, la organización de misiones médicas del Dr. Price, *International Medical Outreach*, ha tratado a más de cincuenta millones de niños en veintiún países. Él ha provisto cerca de mil millones de dólares en medicamentos y suministros. Él dijo: "Hace aproximadamente dos años, cuando estaba tratando al niño número veinte millones, finalmente me di cuenta que Dios había respondido mis oraciones. Pero no fue como yo pensaba. Ahora me doy cuenta que yo era esa persona rica". Lo que él estaba diciendo era: "La promesa está en mí".

ORACIÓN PARA HOY

Padre, gracias por la semilla de grandeza que estás desarrollando en mi vida. Gracias por tenerme paciencia, así como se la tuviste a Moisés. Creo y declaro que soy la persona adecuada para hacer todo lo que me has encomendado. En el nombre de Jesús. Amén.

PENSAMIENTO PARA HOY

Usted no necesita que nadie más dé a luz a lo que Dios ha puesto en su corazón. Quizá está esperando por la persona *adecuada*. Dios dice: "Tú eres la persona adecuada. Mi unción está sobre tu vida. Mi favor está en tu vida. Estás equipado y facultado. Puedes hacer algo grande".

Día 6

Dios no cambia de parecer

Lectura bíblica: Números 14

...no teman al pueblo de esa tierra. ¡Para nosotros son como presa indefensa! ¡Ellos no tienen protección, pero el Señor está con nosotros! ¡No les tengan miedo!

NÚMEROS 14:9, NTV

Cuando mi padre se fue con el Señor, pensé que Dios enviaría a un pastor principal con una personalidad dinámica y una voz resonante y con varios títulos académicos. Buscaba y pensaba, *¿Dónde está?* Siempre, en mi interior, podía escuchar una pequeña voz suave diciendo: "Joel, es tu momento. Este es tu momento. La promesa está en ti". Dije, "Dios, yo no tengo una voz resonante. No tengo una personalidad dinámica. No tengo los títulos". Dios dijo: "Joel, yo te formé antes de la fundación del mundo. Puse en ti todo lo que necesitas. No te pediría que lo hicieras si no tuvieras lo que se necesita". Di el paso y descubrí que *yo* era la respuesta a mis oraciones.

Quizá usted está orando por otra persona que venga y haga que su sueño se realice. Dios dice: "Tú eres la respuesta a tu oración. Estás equipado y ungido; puedes hacer algo grande". Al igual que con Sara, solo porque nosotros no creamos que sucederá, Dios no cambia de parecer. Sara esperó más o menos una docena de años para dar a luz a Isaac. Aún va a dar a luz todo lo que Dios ha puesto en su corazón.

Esto es lo que hizo Caleb. Él y Josué eran dos de los doce hombres que Moisés envió a espiar la Tierra Prometida. Ellos regresaron diciendo: "Podemos tomar la tierra; vamos de inmediato".

Ellos sabían que la promesa estaba en ellos, pero el informe negativo de los otros diez espías convenció a toda la nación de Israel de que ellos no podrían vencer a sus enemigos, y nunca entraron a la Tierra Prometida.

Cuarenta años después, cuando Caleb tenía ochenta y cinco años de edad, él sabía que la promesa todavía estaba en él. Regresó al lugar donde había estado cuarenta años antes y declaró: "Dame esta montaña". Esa montaña tenía tres gigantes feroces viviendo allí, los gigantes que los otros diez espías dijeron que los había hecho sentir como saltamontes. Pudo haber sido mucho más fácil pedir por una montaña con menos oposición. Sin embargo, a los ochenta y cinco años de edad, sacó a los gigantes, tomó la montaña y vio al sueño hecho realidad.

ORACIÓN PARA HOY

Padre celestial, gracias porque ya sea que tu promesa se cumpla en mi vida hoy o dentro de diez años, tú la harás realidad en tu tiempo perfecto, y no cambiarás de parecer. Gracias porque yo también puedo decir: "Dios, dame esta montaña". Creo que todo gigante, esas cosas que son contrarias a tus promesas, serán conquistadas. En el nombre de Jesús. Amén.

PENSAMIENTO PARA HOY

Reavive su fuego, recupere sus sueños. Tenga la misma actitud que tuvo Caleb: *Dios, esto es lo que Tú me prometiste, y no voy a conformarme con la mediocridad cuando sé que pusiste grandeza en mí. Sí, ha pasado mucho tiempo. He atravesado decepciones. Pero, Dios, todavía creo que la promesa está en mí.*

No se sorprenda
por la oposición

Lectura bíblica: 1 Pedro 4

Queridos hermanos en Cristo, no se sorprendan si tienen
que afrontar problemas que pongan a prueba su confianza
en Dios. Eso no es nada extraño. Al contrario, alégrense de
poder sufrir como Cristo sufrió, para que también se alegren
cuando Cristo regrese y muestre su gloria y su poder.

1 PEDRO 4:12–13, TLA

Mi hermano, Paul, es cirujano y pasa varios meses al año en África operando en pequeñas aldeas. Uno de los guías del safari le dijo que cuando una gacela o un ñu estaba por parir, un león la seguía de cerca. Día tras día, el león seguía a la madre cargada, esperando que entrara en trabajo de parto. El león sabe que cuando ella entra en trabajo de parto, es un blanco fácil porque no puede defenderse. De manera que el león espera que la madre entre en trabajo de parto y luego, no solo la ataca y mata a ella, sino también a la cría.

En la vida es el mismo principio. Usted enfrentará sus ataques más grandes cuando esté a punto de dar a luz a los sueños que Dios ha puesto en su corazón. El enemigo espera hasta que esté cercano al ascenso, próximo a su avance. Él atacará cuando usted está justo por pasar a un nuevo nivel. No se sorprenda si enfrenta oposición o si atraviesa una decepción. Quizá el amigo con quien contaba no esté allí. O eso está tardando más de lo que usted esperaba. Eso sencillamente significa que usted está a punto de dar a luz a lo que Dios ha puesto en su corazón. La buena noticia es que las fuerzas que están a su favor son mayores que las fuerzas que están en su contra. Su destino no puede ser detenido por una mala circunstancia, por decepciones, por oposición o por otras personas. Dios tiene la última palabra. Él dice: "Ningún arma forjada contra ti prosperará".

Quizá esté enfrentando grandes desafíos, las circunstancias se le oponen. Esa es una señal de que usted está a punto de ver su sueño hecho realidad. Este no es el momento para desanimarse. Este es el momento para que usted se ponga firme y declare: "Vine a ganar. Sé que la promesa está en mí. No voy a permitir que esta decepción, este revés o esta persona robe mi destino. Voy a dar a luz a todo lo que Dios ha puesto en mi corazón".

ORACIÓN PARA HOY

Padre, gracias porque ningún arma forjada contra mí prosperará. Gracias porque la oposición que siento es solo una señal de que estoy a punto de ver mi sueño hecho realidad. Me regocijo en lo que estás haciendo en mi espíritu, de que juntos estamos involucrados en un proceso de refinamiento; y creo que la gloria está a la vuelta de la esquina. En el nombre de Jesús. Amén.

PENSAMIENTO PARA HOY

Cuando el camino se dificulta, usted se acerca a su avance. Está cerca de ver que el problema cambia. Está a punto de conocer a la persona adecuada. Dios empezó una obra en su vida y Él la completará.

Día 8

Dios tiene un camino

Lectura bíblica: Hechos 2

Porque para vosotros es la promesa, y para vuestros hijos, y para todos los que están lejos; para cuantos el Señor nuestro Dios llamare.

HECHOS 2:39

Troy provenía de un hogar de una madre soltera. Su familia había atravesado muchos problemas. Su madre se enfermó y fue sometida a una cirugía en el cerebro. Durante una gran inundación, lo perdieron todo. Era una mala circunstancia tras otra. Parecía que Troy nunca podría obtener la oportunidad de hacer algo grande. Las probabilidades estaban en su contra. Sin embargo, Troy siempre tuvo un gran sueño para su vida. Cuando estaba en tercer grado, escribió en una tarea escolar que él iba a recibir una beca para ir a la universidad. Aun siendo preadolescente, él podía sentir la promesa en él para avanzar, para dejar huella. Su sueño era ir a la universidad Georgetown, para obtener un doctorado en relaciones internacionales y llegar a ser el secretario de estado de los Estados Unidos.

Para la madre de Troy, una madre soltera, ese nivel de educación parecía imposible. Troy pudo haber pensado: *Qué mal me va. Tengo un gran sueño, pero no tengo el dinero. No tengo las relaciones.* Sin embargo, la actitud de Troy era: *La promesa está en mí. Lo que Dios ha dicho sobre mi vida sucederá.* Esos son los mejores pensamientos que él necesitaba. Él no se acomodó y esperó que Dios hiciera todo por él. Él sobresalió en la escuela. Tomó cursos de nivel universitario en el décimo grado. Se graduó en segundo lugar en su clase de bachillerato. Troy recibió no solo una beca, le otorgaron nueve becas con valor total de más de un millón de dólares. Su licenciatura, su maestría y los estudios de doctorado estaban completamente pagados para ir a la universidad Georgetown.

Dios hará realidad lo que Él le ha prometido. Quizá no lo vea, pero Dios tiene un camino. Si usted hace su mejor esfuerzo, allí donde está, Dios lo llevará a donde Él quiere que esté.

ORACIÓN PARA HOY

Padre que estás en los cielos, gracias porque donde yo no veo un camino para que tu promesa se haga realidad en mi vida, aun así, tú tienes un camino. Gracias porque tu promesa es para mí y está en mí. Creo que lo que has dicho sobre mi vida sucederá. En el nombre de Jesús. Amén.

PENSAMIENTO PARA HOY

Hay una fuerza en usted que es más poderosa que cualquier oposición. Mayor es el que está en usted, que cualquier cosa que se le oponga. Cuando supere lo que viene en su contra, al otro lado de esa dificultad, hay un nuevo nivel para su destino.

Un fuego ardiente encerrado en sus huesos

Lectura bíblica: Jeremías 20

(Dios, tu) palabra arde en mi corazón como
fuego. ¡Es como fuego en mis huesos! ¡Estoy agotado
tratando de contenerla! ¡No puedo hacerlo!

Jeremías 20:9, ntv (paréntesis añadido)

En la Escritura, Dios puso la promesa en Jeremías que él sería un profeta y les hablaría a las naciones. Jeremías era joven, temeroso y no creía poder hacerlo (vea Jeremías 1). La gente y los obstáculos se le oponían. Se desanimó tanto que estaba a punto de rendirse. Con el tiempo, Jeremías empezó a contarle a Dios lo mal que estaba su situación. Hizo una lista de quejas, una tras otra. "Dios, estas personas se burlan de mí. Cuando hablo, se burlan de mí. Estoy siendo ridiculizado. Estoy cansado. Me siento solo. Intimidado". Jeremías tenía una lista larga.

Sin embargo, justo cuando uno piensa que Jeremías renunciaría, él dijo: "Dios, tengo ganas de rendirme, pero Tu palabra en mi corazón es como un fuego ardiente encerrado en mis huesos". Él estaba diciendo: "Dios, no sé cómo pueda suceder. Todas las probabilidades están en mi contra. Pero esta promesa que Tú pusiste en mí no se irá. Es como fuego. Es como un ardor. No puedo escaparme de él". Cuando Jeremías empezó a pensar mejor y permitió que el fuego ardiera, la pasión de su vida fue restaurada.

Quizá usted esté en una posición donde fácilmente puede ser desanimado y rendirse ante lo que Dios ha puesto en su corazón. Pero la buena noticia es que tal como le pasó a Jeremías, hay un fuego ardiente encerrado en sus huesos. Hay una promesa que Dios ha pronunciado sobre usted que no morirá. Usted puede intentar ignorarla, y su mente o los demás lo tratarán de convencer que nunca sucederá. Sin embargo, en el fondo, usted sentirá un ardor, una inquietud, un fuego. Esa es la promesa que Dios puso en usted. Dios lo ama mucho como para permitirle que se quede en el nivel promedio. Él lo empujará hacia la grandeza. Usted va a lograr más de lo que pensó posible. Usted va a ir más allá de lo que soñó. Usted va a ver la extrema grandeza del poder de Dios. Lo que Él ha dicho sobre su vida sucederá.

Usted no necesita que nadie más dé a luz a aquello que Dios ha puesto en su corazón. Deje de buscar a otra persona. Usted es la persona adecuada. Está equipado. Está ungido. Tiene lo necesario. Ahora avive lo que lleva dentro. ¡Es tiempo de que usted haga algo grande!

ORACIÓN PARA HOY

Padre, gracias por el fuego de la promesa que arde profundamente en mi vida. Ayúdame a avivar el fuego de la fe en tus promesas y permite que la pasión se convierta en una llama. Creo que veré grandeza abundante de tu poder ayudándome a alcanzar más de lo que pensé que fuera posible. En el nombre de Jesús. Amén.

PENSAMIENTO PARA HOY

Usted tiene que avivar su fe. Hay una llama viva dentro de usted. Está equipado, ungido. Es tiempo de que usted sea celebrado. Es tiempo de elevarse a un nuevo nivel.

SECCIÓN VII

PIDA EN GRANDE

Día 1

Un Dios de abundancia

Lectura bíblica: Mateo 14

Unges mi cabeza con aceite; mi copa está rebosando.

SALMO 23:5

Cuando Dios desplegó el plan para su vida, Él no solo puso lo que usted necesitaba para sobrevivir, para soportar hasta el final. Él puso más que suficiente allí. Él es un Dios de abundancia. Vemos esto a lo largo de toda la Escritura. Después que Jesús multiplicó el almuerzo del niño de cinco panes y dos pescados, miles de personas comieron e, incluso, hubo doce canastas llenas de lo que sobró. Es interesante que habían contado a la gente previamente, así que ese día Jesús sabía cuántas personas había en la multitud. Si Él hubiera querido ser exacto, pudo haber hecho solo lo suficiente para que no hubiera sobras. Él, a propósito, hizo más que suficiente. Ese es el Dios al que servimos.

David dijo: "Mi copa está rebosando". Él tenía abundancia, más de lo que necesitaba. Sí, debemos agradecer a Dios porque nuestras necesidades están suplidas. Debemos ser agradecidos porque tenemos suficiente, pero no se conforme con eso. Ese no es su destino. Él es un Dios de *más que suficiente*. Él quiere que usted tenga en abundancia para que pueda bendecir a quienes le rodean.

Esto es lo que los israelitas no comprendieron. Ellos habían sido esclavos durante tantos años que se habían condicionado a no tener suficiente, a conformarse con poco. Cuando Faraón se enojó con Moisés, él les dijo a sus capataces que forzaran a los israelitas a hacer la misma cantidad de ladrillo sin proveerles la paja. Estoy seguro que los israelitas oraron: "Dios, por favor, ayúdanos a alcanzar nuestras cuotas.

Por favor, Dios, ayúdanos a conseguir los materiales que necesitamos". Oraron con una mentalidad de esclavo, con un pensamiento limitado. En lugar de pedir ser libertados de sus opresores, ellos estaban pidiendo convertirse en mejores esclavos. En lugar de pedir por lo que Dios les había prometido, una tierra que fluía leche y miel, oraron que Dios les ayudara a funcionar mejor en su disfuncionalidad.

¿Está usted pidiendo llegar a ser un mejor esclavo o está pidiendo por la vida abundante, rebosante, *más que suficiente* que Dios tiene para usted? Dios dice que usted está destinado para reinar en la vida, que está bendecido y que no puede ser maldecido, que todo lo que toque prosperará y tendrá éxito. No ore solamente para pasarla, para soportar. Atrévase a pedir en grande. Pida por lo que Dios le prometió

ORACIÓN PARA HOY

Padre celestial, gracias porque tú eres el Shaddai, el Dios de *más que suficiente*, no el Dios de apenas lo suficiente. Tú eres el Dios de la abundancia, el Dios que da hasta rebosar. Te pido la vida rebosante, más que suficiente, que tienes para mí. En el nombre de Jesús. Amén.

PENSAMIENTO PARA HOY

No le ponga límites a Dios y pida en grande, no con una mentalidad de esclavo, no con un pensamiento limitado. No le pida a Dios que le ayude a funcionar mejor en su disfuncionalidad. Pídale a Dios que le ayude a pensar más grande y mejor para que pueda vivir mejor. Pídale por sus sueños.

Día 2

Más que suficiente

Lectura bíblica: Salmo 35

*Canten de júbilo y regocíjense los que favorecen mi
vindicación; y digan continuamente: Engrandecido sea
el Señor, que se deleita en la paz de su siervo.*

SALMO 35:27, LBLA

Una dama que conozco tiene cuatro nietos pequeños a quienes
terminó criando. Ella no tenía eso planeado, pero algo sucedió
con su hija. Al principio, estaba un poco desanimada, no sabía cómo
iba a funcionar eso. Tres de los niños estaban en escuelas privadas,
lo cual era muy caro, y la abuela no tenía los fondos adicionales para
seguir pagando la colegiatura. Con una mentalidad de esclava, ella
pudo haber orado así: "Dios, esto no es justo. Nunca podré proveer
para mis nietos. Por favor, solo ayúdanos a sobrevivir". En vez de eso,
ella tuvo la valentía de pedir en grande. Ella dijo: "Dios, yo no tengo
los fondos para mantener a mis nietos en una escuela privada, pero
sé que Tú eres dueño de todo. Eres un Dios de abundancia. Y, Dios,
te estoy pidiendo que hagas un camino, aunque no sé cómo lo harás".

Al final del primer año escolar de los niños, ella debía una pequeña cantidad de la colegiatura, así que fue a la escuela a pagar.
La secretaria buscó su récord en la computadora y dijo: "No, usted
no debe nada. Todo está pagado".

"Eso no puede ser", respondió la abuela. "Tengo la notificación
justo aquí. Esto dice que debo esta cantidad".

La secretaria dijo: "No, señora. Aquí mismo dice que la colegiatura de los tres niños ha sido pagada, no solamente por el resto
de este año, sino hasta el octavo grado". ¡Un donante anónimo

había llegado y pagó por adelantado la colegiatura para los siguientes años!

Dios puede hacer que sucedan las cosas que usted nunca hubiera podido hacer. Él ya ha puesto abundancia en su futuro. Él ya alineó a las personas indicadas, las circunstancias que necesita, que se abran las puertas que usted nunca habría podido abrir. Mi pregunta es: "¿Está pidiendo en grande?". "¿O está permitiendo que sus circunstancias, la forma en que fue criado, lo que alguien dijo, lo persuadan de lo contrario? Si va por la vida orando solo "para apenas pasarla", perderá la plenitud de su destino.

Cuando usted comprende esto en su espíritu que el Dios que sopló aliento de vida en usted, el Dios que lo llamó, lo apartó y lo coronó con favor es un Dios de *más que suficiente*, un Dios de abundancia, un Dios que da hasta rebosar, tendrá la valentía de pedir cosas grandes.

ORACIÓN PARA HOY

Padre, gracias porque tú te complaces en proveer para mi prosperidad y salud y bienestar. Gracias por desafiarme a que pida grandes cosas y a creer que tú eres un Dios de más que suficiente. Creo que tú ya has puesto abundancia en mi futuro y me has coronado de favor. En el nombre de Jesús. Amén.

PENSAMIENTO PARA HOY

No pida solo para controlar la adicción; pida ser libre de ella. No pida solo para pagar sus cuentas; pida para salir totalmente de deudas, así puede bendecir a otros. No pida solo para que su hijo regrese al camino correcto; pídale a Dios que lo use para dejar huella en esta generación.

Día 3

¿Qué es lo que quiere?

Lectura bíblica: Mateo 20

Y la gente les reprendió para que callasen; pero ellos clamaban más, diciendo: ¡Señor, Hijo de David, ten misericordia de nosotros! Y deteniéndose Jesús, los llamó, y les dijo: ¿Qué queréis que os haga?

MATEO 20:31–32

Mateo 20 registra la historia de Jesús atravesando un pueblo donde había dos hombres ciegos al lado del camino. Cuando ellos oyeron toda la conmoción y que Jesús pasaba por allí, empezaron a gritar: "¡Jesús, ten misericordia de nosotros!". Jesús se acercó y les dijo: "¿Qué es lo que quieren que haga por ustedes?". Parecía una pregunta extraña. Es obvio lo que ellos necesitaban. Estaban ciegos. ¿Por qué les preguntó Jesús? Porque Él quería ver lo que ellos estaban creyendo. Ellos pudieron haber dicho: "Jesús, solo necesitamos un poco de ayuda aquí. Estamos ciegos. Necesitamos un lugar un poco mejor para vivir o un poco de dinero para comprar comida". Si ellos hubieran pedido con una mentalidad limitada, esta los hubiera mantenido en derrota. En vez de eso, pidieron en grande. Dijeron: "Señor, queremos ver. Queremos que nuestros ojos sean abiertos". Ellos estaban diciendo: "Sabemos que puedes hacer lo imposible". Cuando Jesús escuchó su petición, Él tocó sus ojos y ellos pudieron ver en ese mismo instante.

Dios nos pregunta lo mismo que les preguntó a esos dos hombres ciegos: "¿Qué es lo que quieres que Yo haga por ti?". Ahora bien, la forma en que usted responda va a tener un gran impacto en lo que Dios haga. No diga: "Dios, solo quiero lograr pasar este año. ¿Has visto lo que cuesta la renta de los apartamentos en estos días?". "Dios, mi familia es tan disfuncional, solo ayúdanos a sobrevivir". "Dios, no me gusta mi trabajo. Ayúdame a aguantarlo". Eso va a limitar su destino.

Haga lo que hicieron esos hombres ciegos. Atrévase a pedir en grande. "Dios, quiero ser libre de esta adicción". "Dios, quiero conocer a la persona indicada". "Dios, quiero ver a toda mi familia sirviéndote". "Dios, quiero empezar mi propio negocio". Pida por sus sueños. Pida hasta por cosas que parecen imposibles.

ORACIÓN PARA HOY

Padre que estás en los cielos, gracias porque, así como restauraste la vista a los hombres ciegos, tú puedes hacer lo imposible en mi vida. Gracias porque tus bendiciones me persiguen. Yo creo que tú me estás dando los deseos de mi corazón. En el nombre de Jesús. Amén.

PENSAMIENTO PARA HOY

Su sueño podría parecer imposible. Cámbielo con algunos pensamientos mejores: *Dios, tú dijiste que tus bendiciones me iban a perseguir, que estoy rodeado de favor, que la bondad y la misericordia me siguen, y que me darías los deseos de mi corazón.*

Día 4

Quite los límites

Lectura bíblica: Santiago 4

*No tenéis, porque no pedís. Pedís y no recibís, porque pedís
con malos propósitos, para gastarlo en vuestros placeres.*

Santiago 4:2–3, lbla

La Escritura dice: "Pedís y no recibís, porque pedís con malos
propósitos". La frase *malos propósitos*, en el lenguaje original,
significa "enfermo, débil, miserable". Cuando pedimos conver-
tirnos en mejores esclavos, esa es una oración enferma. Cuando
pedimos a penas salir adelante, soportar, apenas lograrlo, esa es
una oración débil. Eso es pedir con malos propósitos. Dios dice:
"Yo creé todo el universo. Soy dueño de todo. No vengan a mí con
una oración enferma, una oración débil, pidiéndome que los ayude
a vivir en la mediocridad, a soportar el problema y sobrevivir otro
mes. Cuando vengan a mí, pidan en grande, sabiendo que soy el
Dios de *más que suficiente*". Él está diciendo: "Pídanme que me re-
vele en su vida. Pídanme que los sane de una enfermedad. Pídame
que acelere sus metas".

Cuando pide en grande, Dios llama a eso una oración sana. Allí
es cuando Él les dice a los ángeles: "Vayan a trabajar. Liberen mi
favor. Aflojen esas cadenas. Abran nuevas puertas". "Bueno, Joel,
yo solo estoy orando para que pueda salir de estos tiempos difíciles. El negocio va muy lento". ¿Me permite decir esto con mucho
respeto? Esa es una oración enferma. ¡Esa oración tiene gripe! "Yo
estoy orando para poder dominar esta adicción. Mi abuela la tuvo.
Mi madre la tuvo. Ahora yo también". Esa es una oración débil. Su
actitud debería ser: *Dios, esta adicción sigue siendo heredada a lo largo*

de mi linaje, pero yo creo que este es un nuevo día y que Tú me has levantado para ponerle un alto a esto, que yo seré el que rompa la maldición generacional y empiece una bendición generacional.

No pida convertirse en un mejor esclavo. Pida ser quien marque la diferencia. Pida fijar un nuevo estándar. Cuando usted dice: "Dios, ayúdame a obtener esa beca para que pueda ir a la universidad", no solo es estar esperanzado, solo ser positivo; es su fe siendo liberada. Eso es lo que permite que Dios haga grandes cosas. O, "Dios, no tengo los fondos para construir el proyecto en este momento; sin embargo, Señor, quiero agradecerte la oportunidad que se me presenta, las bendiciones que me persiguen". No más oraciones enfermas. No le ponga límites a Dios. Pida en grande.

ORACIÓN PARA HOY

Padre, gracias porque tú quieres hacer grandes cosas en mi vida para que tú seas glorificado en la manera en que yo administro todo lo que provees, en cumplir mi propósito, en bendecir a otros a través de mí como tú me has bendecido. Gracias porque cuando oro en fe por lo mejor de ti, tú me impulsas a mi destino. Creo que harás grandes cosas. En el nombre de Jesús. Amén.

PENSAMIENTO PARA HOY

Este es el año de Dios para revelarse en su vida, para acelerar Su bondad, para impulsarle hacia su destino. Pídale nuevos niveles. Pídale bendiciones explosivas. Pídale que lo impulse hacia su propósito.

Día 5

No más oraciones débiles, enfermas

Lectura bíblica: Hechos 4

E invocó Jabes al Dios de Israel, diciendo: ¡Oh, si me dieras bendición, y ensancharas mi territorio, y si tu mano estuviera conmigo, y me libraras de mal, para que no me dañe! Y le otorgó Dios lo que pidió.

1 Crónicas 4:10

Esto es lo que un hombre de nombre Jabes hizo en la Escritura. Su nombre, literalmente, significa: "dolor, pesar, sufrimiento". Cada vez que alguien decía: "Hola, Jabes", estaba diciendo: "Hola, problema". "Hola, pesar". "Hola, dolor". Ellos profetizaban derrota y fracaso. Usted puede imaginar cómo él pudo haber permitido que eso lo mantuviera en la mediocridad, que lo hiciera sentir inferior e inseguro. Sin embargo, había algo diferente acerca de Jabes. A pesar de su dura crianza, a pesar de la forma en que la gente lo etiquetaba, él vio hacia los cielos y dijo: "Dios, te pido que me bendigas de verdad". Él pudo haber dicho solo: "Dios, bendíceme". Eso habría estado bien. Pero él se atrevió a pedir en grande.

Se suponía que Jabes fuera un hombre con problemas y angustia, que viviera deprimido y derrotado, pero él se sacudió la mentalidad de esclavo. Su actitud era: *No importa lo que la gente diga de mí. No importa cómo se ven mis circunstancias. Yo sé quién soy, un hijo del Dios Altísimo.* Además, dijo: "Dios, agranda mis territorios". Él estaba diciendo: "Dios, ayúdame a ir por encima de lo normal. Permíteme ver abundancia. Permíteme ver más de Tu favor". Estoy seguro que los pensamientos le dijeron: "Jabes, Dios no te va a bendecir. No vienes de la familia adecuada. Sus propios padres te etiquetaron: 'pesar, dolor, problema'". Pero la gente no determina su destino; Dios sí. La Escritura dice que Dios concedió a Jabes su petición. Dios lo bendijo de verdad.

Al igual que Jabes, usted podría tener suficientes razones para quedarse donde está: lo que no obtuvo, lo que la gente dijo, cuán imposible parece. Las probabilidades podrían estar en su contra, pero la buena noticia es que Dios está a su favor. Él es más poderoso que cualquier fuerza tratando de detenerlo a usted. Él sabe cómo compensar lo que usted no obtuvo. Él puede impulsarlo más allá de lo que usted se haya imaginado, pero tiene que hacer lo que hizo Jabes y orar con atrevimiento. Pida, a pesar de lo que parezcan las circunstancias. Pida, a pesar de lo que la gente le dice. Pida, a pesar de lo que el enemigo continúa susurrando en su oído.

ORACIÓN PARA HOY

Padre celestial, gracias porque cuando las probabilidades están en mi contra, tú estás de mi lado. Gracias porque nada ni nadie es más poderoso que tú y porque puedo atreverme a hacer oraciones audaces. Creo que tú me bendices, así como lo hiciste con Jabes, y que agrandas mi territorio. En el nombre de Jesús. Amén.

PENSAMIENTO PARA HOY

Jabes pudo haber hecho una oración débil, enferma, y pensado: *Dios, he tenido algunas malas circunstancias. Tuve una crianza difícil. Solo te pido que me ayudes a sobrevivir.* Si él hubiera hecho eso, no estaríamos hablando de él hoy. Si usted va a vencer las probabilidades, a sobresalir entre la multitud y a alcanzar su máximo potencial, tiene que aprender este principio de pedir en grande.

Día 6

Hoy es su cumpleaños

Lectura bíblica: Salmo 2

"Tú eres mi hijo, y hoy es tu cumpleaños. ¿Qué quieres?
Dilo: ¿Las naciones como presente? ¿Los continentes
como obsequio? Tú puedes gobernarlas a tu gusto".

Salmo 2:7–9, The Message [Traducción libre]

¿Se dio cuenta cuán en grande piensa Dios? A veces oramos por un aumento de tres dólares la hora; Dios habla acerca de darle las naciones. Oramos por un ascenso; Dios tiene un negocio para que usted sea el propietario. Oramos por poder pagar nuestras cuentas; Dios planea bendecirlo para que usted pueda pagar las cuentas de otros. Estamos viendo cinco panes y dos peces; Dios piensa en doce canastas de excedente.

¿Qué significa "Hoy es tu cumpleaños"? El día de su cumpleaños, más que en cualquier otro momento, usted se siente con derecho a pedir por algo que no es común. Normalmente, no quiere que nadie haga un esfuerzo extra por usted, pero en su cumpleaños, usted piensa: *Bueno, voy a pedir tal cosa. Voy a pedir un nuevo traje o un juego de palos de golf.* Con el paso del tiempo, cuando crecemos, nuestro entusiasmo podría disminuir un poco, pero piense cuando era niño. Usted sabía que ese era su día especial. Tenía la osadía de pedir por lo que realmente quería.

Hace algún tiempo, un niño se me acercó en el pasillo. Él tenía cinco años y siempre lo veía en la iglesia. Se me acercó corriendo, muy emocionado, y exclamó: "¡Hoy es mi cumpleaños!". Le di un abrazo grande y le dije: "¡Feliz cumpleaños!". Caminé unos cinco pasos y él regresó y me agarró de la pierna y dijo nuevamente:

"¡Es mi cumpleaños!". Yo pensé: *Lo sé, me lo acabas de decir.* Nos abrazamos y lo hicimos como si fuera la primera vez. Como a la séptima vez, en lugar de decirme que era su cumpleaños, me vio y dijo: "¿Qué me vas a comprar por mi cumpleaños?". La razón por la que seguía regresando era porque él se sentía con derecho de pedir un regalo. Él sabía que era su día especial.

Dios dice: "Cuando ores, actúa como si fuera tu cumpleaños. Atrévete. Pídeme lo que realmente quieres. No seas tímido. No te reprimas. Cuéntame tus sueños. Cuéntame lo que esperas. Pide las cosas secretas que puse en tu corazón".

ORACIÓN PARA HOY

Padre, gracias por declarar que este y todos los días es mi cumpleaños y por invitarme a acercarme a ti con valentía y pedir lo que yo quiera. Ayúdame a pensar en grande. Abro mi corazón y creo que tú moverás cielo y tierra para hacer que mi destino se vuelva realidad. En el nombre de Jesús. Amén.

PENSAMIENTO PARA HOY

Usted es lo más importante para Dios. Es la niña de sus ojos. Su posesión más preciada. Pídale que haga sus sueños realidad. Usted no es una molestia para Dios. Él moverá el cielo y la tierra para hacer realidad el destino que Él tiene para usted en su vida. Atrévase a pedir en grande.

Día 7

Es la buena voluntad de su Padre

Lectura bíblica: Lucas 12

No tengan miedo, mi rebaño pequeño, porque es la buena voluntad del Padre darles el reino.

Lucas 12:32, nvi

En el versículo de ayer, Dios dice: "Hoy es tu cumpleaños. ¿Qué quieres?". Con mucha frecuencia, en lugar de acercarnos a Dios como si fuera nuestro cumpleaños, creyendo que Él hará algo especial, hacemos exactamente lo opuesto. "Joel, no puedo pedir lo que realmente quiero. No sería correcto. Eso sería codicioso. Eso sería egoísta". La Escritura dice que es la buena voluntad del Padre darle el reino. Nada hace más feliz a Dios que verlo encaminarse hacia aquello para lo que fue creado. Observe que "hoy" siempre está en el presente. Cuando usted se levante temprano en la mañana, Dios estará diciendo: "Hoy es tu cumpleaños". Dentro de dos semanas, "Hoy es tu cumpleaños". Dentro de siete años, "Hoy es tu cumpleaños".

Cuando me informaron que el *Compaq Center* iba a estar a la venta, algo se encendió en mi interior. Yo sabía que se suponía que fuera nuestro, pero toda voz decía: "Nunca sucederá. Es demasiado grande, Joel. No lo merecen. ¿Quiénes se creen que son para atreverse a pedirlo?" En lugar de creer esas mentiras, hice lo que le pido que haga. Fui a Dios como si fuera mi cumpleaños y dije: "Dios, sé que esto es poco convencional. Normalmente, nunca habría pedido esto, pero, Dios, creo que lo pusiste en nuestro camino.

Esto es parte de mi destino. Así que, Dios, te pido que abras un camino donde no lo hay".

Lo interesante es que en todas las cosas grandes que le he pedido a Dios, nunca, ni una vez, sentí como si Él dijera: "Joel, tienes muchas agallas. ¿Qué pretendes al pedir por eso?". Justo lo opuesto. En mi corazón, puedo sentir a Dios susurrando, "Joel, me encanta el hecho de que te atrevas a pedir en grande. Me encanta el hecho de que creas que puedo hacer lo imposible". Por supuesto, no todo lo que he pedido ha sucedido, pero el punto es que, si uno va a Dios con fe como la de un niño, creyendo que es su cumpleaños, pidiendo por cosas que normalmente no pediría, habrá veces cuando vea a Dios revelarse en su vida en maneras más grandes de lo que jamás imaginó.

ORACIÓN PARA HOY

Padre que estás en los cielos, gracias por la hermosa promesa de que es tu buena voluntad darme el reino. Gracias por animarme a pedir en grande. Creo y declaro que hoy es mi cumpleaños y te pido que te muestres a través de mi vida en maneras que nunca imaginé. En el nombre de Jesús. Amén.

PENSAMIENTO PARA HOY

Cada mañana, cuando despierte, solo imagine a Dios diciendo: "Feliz cumpleaños, hijo". "Feliz cumpleaños, hija". ¿Por qué hace Dios esto? Para que usted se atreva a pedir las cosas que normalmente no pediría.

Hágase notar y marque la diferencia

Lectura diaria: Salmo 72

Todos los reyes se postrarán delante de él; todas las naciones le servirán. Porque él librará al menesteroso que clamare, y al afligido que no tuviere quien le socorra.

SALMO 72:11–12

En el Salmo 72, el rey Salomón hizo una oración que parecía egocentrista. Él le pidió a Dios que lo hiciera muy conocido, que su fama se expandiera por toda la tierra, que la riqueza y el honor de otras naciones le fuera dado, y que reyes y reinas se inclinaran ante él. Usted pensaría que Dios habría dicho: "Salomón, ¿qué te pasa? No voy a hacerte famoso. No te voy a dar ese honor, riqueza e influencia. Necesitas aprender algo de humildad". Sin embargo, Dios no lo reprendió. Dios no le dijo que era egoísta y codicioso. Dios hizo exactamente lo que él pidió. Salomón llegó a ser una de las personas más famosas de su tiempo. La reina de Saba llegó, se inclinó ante él y le llevó oro y plata.

Esta es la clave: La razón por la que Dios respondió esa atrevida oración es porque Salomón continuó, "Dios, si me haces famoso, si me das influencia y riqueza, yo la usaré para ayudar a las viudas, cuidar a los huérfanos, hacer justicia al oprimido, dar voz a los que no tienen ninguna". Él pidió en grande, no solo para verse impresionante, andar en carros elegantes y vivir en el palacio más grande. Era para que él pudiera levantar al caído, restaurar al quebrantado y ayudar al herido para engrandecer el reino de Dios. Dios no tiene problema alguno en darle influencia, honor, riqueza y hasta fama, en tanto su sueño, de alguna manera, esté conectado en ayudar a los demás, en hacer de este mundo un mejor lugar. Cuando sus intenciones se alinean con las intenciones de Dios para los demás, Él ayudará a que su vida sea mejor.

Dios está levantando una nueva generación de Salomones, gente que se atreve a decir: "Dios, hazme famoso en mi campo. Permite que mis dones y talentos sobresalgan. Permite que mi trabajo sea tan excelente, inspirador, que la gente que me rodea sepa quién soy, no para mi gloria, sino para que pueda usar mi influencia para engrandecer Tu reino". Cualquiera que sea el campo donde está: medicina, ventas, construcción, contabilidad, enseñanza, le reto a orar: "Dios, hazme famoso en mi campo. Permíteme brillar. Dame influencia".

ORACIÓN PARA HOY

Padre, gracias porque tú quieres que mi vida sirva para levantar al caído, restaurar al quebrantado y ayudar al herido para engrandecer tu reino y llevar gloria a tu nombre. Te pido que me des la influencia y me hagas famoso en mi especialidad. En el nombre de Jesús. Amén.

PENSAMIENTO PARA HOY

Usted no está limitado por sus conexiones, por cuán influyente sea, o por cuánto gana. No hay límite para lo que Dios hará por usted si ayuda a los demás con lo que Dios le ha dado.

Día 9

Ayude a otros en el camino

Lectura bíblica: 1 Reyes 10

Les abriré las ventanas de los cielos. ¡Derramaré una bendición tan grande que no tendrán suficiente espacio para guardarla! ¡Inténtenlo! ¡Pónganme a prueba!

Malaquías 3:10, ntv

Una vez, estaba jugando basquetbol con unos amigos, y tuve que irme temprano a una cita médica. Un compañero de mi equipo trabaja en el campo de la medicina y me preguntó a quién iba a ver. Dije: "al Dr. Price, un amigo mío".

Él me miró y dijo: "¿*El* Dr. Price?".

"No, *solo* Dr. Price", respondí. "Tengo treinta años de conocerlo".

"¿Es él *el* Dr. Price, quien está en infectología?".

"Sí, ese es", dije.

"¡Caramba!", exclamó, "¡él es el mejor! Es famoso. La gente viene de todas partes a verlo".

Yo mencioné antes lo que el Dr. Price hace con su "fama", su riqueza y su influencia; la usa para ayudar a gente necesitada en países del tercer mundo. El Dr. Price nunca soñó que estaría donde está. Dios lo hizo famoso, no famoso de revista, sino famoso en su campo.

Me pregunto qué pasaría si usted se atreviera a orar: "Dios, hazme famoso. Dios, haz que yo sobresalga para que pueda hacer la diferencia en este mundo". Si usted es arquitecto, atrévase a orar: "Dios, dame ideas, creatividad y diseños que destaquen". Luego use su influencia para diseñar un hogar para niños u orfanatos. Si usted es mecánico, atrévase a orar: "Dios hazme famoso. Permíteme ser tan diestro y tener tanta pericia que la gente me busque para ver cómo se hace". Luego use su influencia en arreglar los vehículos de madres solteras, para ser mentor de jóvenes y enseñarles el oficio.

Si lo hace, yo creo y declaro que, así como Dios hizo por Salomón, Él va a darle a usted más influencia, más recursos y más notoriedad. Ahora, haga su parte. No más oraciones enfermas. No más oraciones débiles. Deshágase de esa mentalidad de esclavo. Busque a Dios como si fuera su cumpleaños. Pídale por sus sueños. Como hizo Jabes, atrévase a decir: "Dios, bendíceme en verdad". Usted va a alcanzar sus sueños, subir más alto de lo que jamás pensó posible y a convertirse en todo aquello para lo que Dios lo creó.

ORACIÓN PARA HOY

Padre celestial, gracias porque estás haciendo que sucedan cosas a mi alrededor que yo nunca habría podido hacer por mí mismo, sin el poder con el que me has equipado. Gracias porque tienes el poder para hacerme sobresalir para que pueda marcar la diferencia en este mundo. Creo que usarás y aumentarás mi influencia para ayudar a otros. En el nombre de Jesús. Amén.

PENSAMIENTO PARA HOY

Dios puede hacer que sucedan cosas que usted nunca podría hacer que sucedieran. Él hará que usted sobresalga para que pueda usar su influencia, no solo para alcanzar sus metas, sino para ayudar a otros a lo largo del camino.

SECCIÓN VIII

TIENE LO NECESARIO

Día 1

No le falta nada

Lectura bíblica: Salmo 34

A los que confían en el Señor no les faltará ningún bien.

S<small>ALMO</small> 34:10, <small>NTV</small>

Muy frecuentemente pensamos, *Si tuviera más dinero, podría cumplir mis sueños. Si tuviera una casa más grande, sería feliz. Si tuviera más talento, una mejor personalidad y si conociera a la gente indicada, podría hacer algo grande.* Sin embargo, mientras sienta que le falta algo, que no tiene lo suficiente y que fue engañado, inventará excusas para no dar lo mejor de sí.

Tiene que obtener una nueva perspectiva. Dios le ha dado exactamente lo que necesita para el momento en el que se encuentra. Tiene el talento, los amigos, los contactos, los recursos y la experiencia que necesita para lo inmediato. Eso no significa que sea todo lo que tendrá. Quizá necesite más el próximo mes o el año siguiente. Cuando llegue ese tiempo, Dios se asegurará que usted tenga más entonces.

La Escritura dice: "A los que confían en el Señor no les faltará ningún bien". Ya que su confianza está en el Señor, usted no tiene que preocuparse. Lo que sea que necesite, Dios se asegurará de que lo tenga cuando lo necesite. No le faltará ningún bien. Esto significa que, si no lo tiene en este momento, no discuta. No se desanime. Usted no lo necesita en este momento. Nuestra actitud debería ser, *Estoy equipado, facultado y ungido para este momento. No me falta nada, no he sido engañado, no soy inadecuado, no me estoy perdiendo de algo ni soy menos que. Tengo lo que necesito para hoy.*

Abordarlo de este modo es mucho mejor que pensar: *Si tan solo tuviera las finanzas Si el préstamo hubiera sido aprobado Si ella hubiera sido mi amiga Si tuviera una mejor personalidad...* Si usted necesitara una mejor personalidad, Dios le habría dado una mejor personalidad. Dios no estaba de mal humor cuando lo creó. Si usted necesitara más talento, Dios le habría dado más talento. Si necesitara más amigos, tendría más amigos. Tome lo que tiene y sáquele provecho. Eso es lo que necesita por ahora.

Esta es una forma de vida que le da poder. Usted no está inventando excusas. No se siente defraudado. Está pensando mejor, de manera que vivirá mejor.

ORACIÓN PARA HOY

Padre, gracias por la seguridad de que me has provisto exactamente todo lo que necesito para la época en que me encuentro. Gracias porque me has equipado y facultado con todo lo bueno ahora mismo. Creo que seguirás proveyéndome conforme lo necesite. En el nombre de Jesús. Amén.

PENSAMIENTO PARA HOY

Lo cierto es que Dios ya ha alineado a las personas indicadas, las oportunidades adecuadas, las finanzas, la sabiduría, las buenas circunstancias y la protección que necesita. Está en su presente, está en su futuro. En tanto continúe honrando a Dios, Él le dará lo que necesita cuando lo necesite.

Día 2

¿Confiará en Él?

Lectura bíblica: Isaías 45

Y te daré los tesoros escondidos, y los secretos muy guardados, para que sepas que yo soy Jehová, el Dios de Israel, que te pongo nombre.

Isaías 45:3

Hace años, yo solía pensar: *Si tuviéramos un edificio más grande Si tuviéramos más miembros Si yo pudiera ministrar mejor Si tuviera más experiencia*. Siempre había algo que no tenía o no podía hacer, siempre había una razón por la que no me sentía bien de mí mismo. Estos pensamientos le habrían puesto límite a mi forma de vida si no los hubiera cambiado.

Un día, me di cuenta de lo que le estoy diciendo: Tengo lo que necesito para esta época en la que estoy en este momento. Tengo la fuerza que necesito para hoy. Quizá no sea suficiente fuerza para mañana, pero está bien. Cuando el mañana llegue, Dios me dará la fuerza para ese día. Tengo el talento, las cualidades y la experiencia que necesito para este momento. Quizá no sea tanto como lo de alguien más, pero está bien. No estoy compitiendo con ellos. Estoy compitiendo conmigo para poder ser lo mejor que pueda ser.

Varios años atrás, alguien publicó un artículo que hablaba que yo no había asistido al seminario y que no estaba calificado para liderar un ministerio grande. Al principio, me molestó. Luego, leí Gálatas uno, donde el apóstol Pablo, quien escribió cerca de la mitad del Nuevo Testamento, dijo: "No fui nombrado apóstol por ningún grupo de personas ni por ninguna autoridad humana, sino por Dios Padre, quien levantó a Jesús de los muertos".

Quizá usted no sea aprobado por la gente. No se preocupe por eso. Es aprobado por Dios. Su llamado no viene de las personas. La gente no determina su destino. La gente no puede detener el plan de Dios para su vida. Dios lo llamó. Dios lo equipó. Dios lo ungió. Cuando llegue al final de su vida, usted no tendrá que rendirle cuentas a la gente. Tendrá que rendirle cuentas a Dios Todopoderoso. No permita que lo que una persona haga o diga, le obligue a sentirse inferior o no calificado. Usted ha sido cuidadosamente escogido por el Creador del universo. No carece de nada para la época en la que está ahora. Deje de pensar acerca de todas las cosas que no tiene y todas las cosas que desearía que fueran diferentes.

ORACIÓN PARA HOY

Padre que estás en los cielos, gracias porque tú me conoces por nombre y porque tu llamado para mi vida no está sujeto a la aprobación de otra gente. Gracias porque me has libertado para vivir para ti y para convertirme en lo mejor que pueda ser. Confío en ti con todo mi corazón. En el nombre de Jesús. Amén.

PENSAMIENTO PARA HOY

Mi pregunta es: "¿Confiará en Él?". ¿Mantendrá una buena actitud y dará lo mejor de sí, aunque esté tardando más de lo que esperaba, aunque el problema no ha cambiado aún y aunque su sueño no se ha hecho realidad? Si usted es fiel donde está ahora, sabiendo que tiene exactamente lo que necesita para su situación actual, Dios le hará llegar a donde usted deba estar.

Día 3

Más, mucho más

Lectura diaria: 2 Samuel 12

[David] si eso no hubiera sido suficiente,
te habría dado más, mucho más.

2 Samuel 12:8, ntv

En el segundo libro de Samuel está la historia de cómo el rey David se fue por mal camino. El profeta Natán lo estaba corrigiendo. Al hacerlo, le recordó a David por lo que Dios lo había hecho pasar. David había experimentado la bondad, el favor, la protección, la provisión y la sanidad de Dios a través de los años. Por medio de Natán, Dios hizo una declaración interesante: "David, si eso no hubiera sido suficiente, te habría dado más, mucho más". En otras palabras, "David, al ver hacia atrás en tu vida, si alguna vez tuviste escasez, si alguna vez necesitaste más sabiduría, más favor, más protección o más finanzas, Dios te lo habría dado".

Eso me dice que lo que tengo ahora es lo que necesito para cumplir mi destino. Cuando eso sea insuficiente, será el momento para que Dios me dé más. Cuando algo empiece a impedirle alcanzar su destino, en el momento que empiece a detener el plan de Dios para su vida, en ese momento Dios llegará, será el momento en que Él intervenga. Así que, si no ha sucedido todavía, no se desanime pensando que nunca funcionará. Si no ha sucedido todavía, usted todavía no lo ha necesitado. Cuando lo necesite, no llegará tarde, ni siquiera un segundo.

"Pero, Joel, todo lo que tengo es este carro viejo. Estoy deprimido". Tenga una nueva actitud y diga: "Este carro viejo es todo lo que necesito por ahora. Dios está en el trono dirigiendo mis pasos. Cuando necesite más, Él me dará más".

"Todo lo que tengo es este único amigo". Cambie de punto de vista. "Este único amigo es todo lo que necesito para esta época. No voy a quedarme en la autocompasión. Cuando necesite más amigos, Dios me dará más amigos".

"Si tan solo tuviera más dinero " Si necesitara más dinero para cumplir su destino en este momento y Dios no se lo diera, Él no sería un Dios justo.

"Todo lo que tengo es este trabajo de nivel básico". Dígase a sí mismo: "Esto es todo lo que necesito ahora. Cuando sea mi momento para ser promovido, nada podrá oponerse a mi Dios. Seré promovido. Sin embargo, mientras tanto, voy a seguir dando lo mejor aquí donde estoy".

ORACIÓN PARA HOY

Padre, gracias por esa promesa sorprendente de "más, mucho más" que le hiciste a David y a mí también. Gracias porque tengo todo lo que necesito en este momento para cumplir mi destino: llevar una vida que te complazca. Creo que estás en tu trono y nada que yo necesite llegará tarde, ni un minuto. En el nombre de Jesús. Amén.

PENSAMIENTO PARA HOY

En el momento en que usted necesite un nuevo amigo, al momento en que usted necesite una buena circunstancia, al momento en que necesite una idea: llegará. Dios está observando su vida de cerca. Usted es su posesión más preciada. Él le dice a usted lo que le dijo a David: "Si alguna vez no es suficiente, cuenta conmigo, yo siempre estaré allí para darte más".

Día 4

Ni un segundo tarde

Lectura bíblica: Isaías 35

He aquí que en las palmas de las manos te tengo esculpida...

Isaías 49:16

En el año 1959, mi padre era pastor de una gran iglesia denominacional. Ellos tenían cerca de mil miembros y acababan de construir un hermoso santuario nuevo. En ese entonces, eso era algo grande. El futuro de mi padre se veía muy brillante. Sin embargo, luego de una serie de situaciones, llegó el día en que él supo que debía dejar esa iglesia y empezar Lakewood. Desde un punto de vista práctico, eso no tenía sentido. Él no tenía un edificio o alguna organización que lo respaldara. Muchos de sus amigos pensaron que estaba cometiendo un error y no lo apoyaron. Él pudo haber hecho una lista de todo lo que no tenía. Si se hubiera mantenido enfocado en eso, nunca se habría apartado del punto muerto.

Sin embargo, mi padre dio un paso de fe y empezó Lakewood con noventa personas en una vieja y deteriorada tienda de alimentos para animales. En lugar de pensar: *Todo lo que tengo son estas noventa personas,* su actitud fue: *Esta antigua tienda de alimentos para animales es todo lo que necesito.* Cuando usted se da cuenta que el Creador del universo está dirigiendo sus pasos, dándole lo que necesita y en el momento en que eso no sea suficiente, Él promete llegar y darle más, usted no andará desanimado, pensando: *No es justo. ¿Por qué no me llegan buenas circunstancias? ¿Cuándo va a cambiar esto?* Usted solo continúe dando lo mejor de sí, honrando a Dios.

Eso hizo mi padre y ahora, más de cincuenta y siete años después, Lakewood todavía sigue creciendo. Quizá usted esté desanimado por lo que no ha sucedido en su vida. Se pregunta cuándo cambiará la situación, cuándo va a llegarle una buena circunstancia. Deje de estresarse por eso. Dios lo tiene en la palma de Su mano. Él ha escrito cada uno de sus días en Su libro. Dios sabe lo que necesita y cuándo lo necesita, y Él sabe cómo hacérselo llegar. Si usted no tiene algo en este momento, no es que lo haya perdido. Usted no fue engañado. Dios no se olvidó de usted. En tanto esté honrándolo, cuando necesite algo o a alguien, en el momento justo llegará.

ORACIÓN PARA HOY

Padre celestial, gracias porque he sido grabado en la palma de tu mano. Gracias porque sabes lo que necesito y cuándo lo necesito, así como también, cómo hacérmelo llegar. Elijo dejar de estresarme sobre lo que no tengo, sabiendo que estará allí cuando realmente lo necesite. En el nombre de Jesús. Amén.

PENSAMIENTO PARA HOY

Las finanzas llegarán cuando lo necesite. Cuando los necesite, la sanidad, la restauración y la justificación lo encontrarán. Si no ha sucedido aún, no se quede sintiendo amargura. Tenga la actitud: *No lo necesito. Cuando lo necesite, Dios promete llegar en el momento exacto, ni un segundo tarde.*

Día 5

Dios y usted son mayoría

Lectura bíblica: Juan 4

Respondió Jesús y le dijo: Si conocieras el don de Dios, y quién es el que te dice: Dame de beber; tú le pedirías, y él te daría agua viva.

JUAN 4:10

La Escritura cuenta la historia de la forma en que Jesús conoció a una mujer samaritana en el pozo y le pidió algo de beber. Ella estaba un poco sorprendida porque, en esos días, los judíos no tenían nada qué ver con los samaritanos, no digamos un hombre judío hablándole a una mujer samaritana. Ella dijo: "¿Cómo me pides a mí que te dé algo de beber?".

Jesús dijo: "Si supieras quién soy, tú me pedirías a Mí y yo te daría agua viva".

Inmediatamente, ella empezó a ver las circunstancias desde la perspectiva humana. Ella dijo: "Pero, Señor, Tú no tienes con qué sacar agua. No tienes una cubeta o un balde. ¿Cómo puedes darme Tú agua viva?".

Me pregunto cuántas veces hacemos lo mismo. Dios nos dice que Él va a hacer algo grande en nuestra vida. En el fondo, Él pone en nuestro interior el sueño de que vamos a ir más alto. Veremos nuestro matrimonio restaurado. Volveremos a estar sanos. Lo sentimos fuertemente; sin embargo, al igual que la mujer samaritana, empezamos a enfocarnos en lo que no tenemos, en la forma en que fuimos criados, los obstáculos que hay en nuestro camino. En poco tiempo, nos convencemos a nosotros mismos que no será así. "No puedo hacer nada grande. No tengo el talento. Mi matrimonio ya no tiene arreglo. El informe médico es muy malo". Usted solamente

157

se está viendo desde una perspectiva natural limitada, pero nosotros servimos a un Dios sobrenatural. Él puede tomar algo ordinario, soplar aliento de vida sobre ello y convertirlo en algo extraordinario. Quizá usted tenga un talento promedio, pero cuando Dios sople sobre su vida, usted irá más lejos que la gente que tenga gran talento. No se persuada de lo contrario.

No subestime lo que tiene. Quizá parezca pequeño e insignificante. Comparado a lo que usted está enfrentando, quizá parezca completamente inútil. Todas las probabilidades están en su contra. Pero cuando Dios sopla sobre su vida, las probabilidades cambian de manera dramática. Usted y Dios son mayoría. Dios puede abrir puertas que nunca debieron haberse abierto en lo natural. Dios puede llevarlo más allá de donde su talento y educación dicen que debería estar. Dios puede hacer un camino aun cuando nosotros no lo veamos.

ORACIÓN PARA HOY

Padre, tú eres el único que me puede dar el agua viva para que me satisfaga y nunca vuelva a tener sed. Gracias porque tengo tu aliento en mi vida y me estás cambiando para que sea alguien extraordinario, capaz de hacer lo extraordinario. Creo que tú y yo somos mayoría. En el nombre de Jesús. Amén.

PENSAMIENTO PARA HOY

El Creador del universo está soplando su aliento de vida sobre usted. Lo está soplando sobre su salud, sobre sus finanzas, sobre su matrimonio. Si usted confía en lo que Dios le ha dado, Él puede tomar lo que parece pequeño y convertirlo en mucho.

Día 6

Use lo que ha recibido

Lectura bíblica: Juan 6

Uno de sus discípulos, Andrés, hermano de Simón Pedro, le dijo: Aquí está un muchacho, que tiene cinco panes de cebada y dos pececillos; mas ¿qué es esto para tantos?

JUAN 6:8–9

En una ocasión, Jesús había estado enseñando a miles de personas. Empezaba a caer la tarde y todos tenían hambre. Jesús se dirigió a Sus discípulos y dijo: "Quiero que le den de comer a toda esta gente". Ellos no tenían comida allí en el desierto. No había tiendas de abarrotes. A simple vista, parecía como si lo que Jesús pedía era imposible. Pero esta es la clave: Dios nunca le pedirá que haga algo sin darle la capacidad para hacerlo. "No puedo criar a este niño. Él es muy difícil". Dios no le habría dado al niño si usted no fuera capaz de criarlo". Cuando Dios le dio ese trabajo, Él le dio la capacidad para estar allí con una buena actitud. "Yo no puedo alcanzar mis sueños. No tengo los contactos adecuados". El momento en que Dios puso el sueño en su corazón, Él alineó todo lo que usted necesita para que se haga realidad.

Los discípulos le dijeron a Jesús: "No podemos darle de comer a toda esta gente. Es imposible. No tenemos comida. Mándalos que se vayan para que puedan ir a las aldeas y compren comida para ellos".

Jesús escuchó todas sus excusas, y finalmente les dijo: "Ya me dijeron todo lo que no tienen. Todo lo que yo quiero saber es qué sí tienen".

Ellos dijeron: "Solo tenemos cinco panes y dos pescados". Pero,

¿qué es eso entre tantos?". Ellos lo habían considerado y descartado. No era suficiente.

"Joel, yo creo que podría hacer algo grande si tuviera más a mi favor, si tuviera más talento, más amigos y más dinero". Deshágase de esa mentalidad de "no tengo suficiente". Dios controla todo el universo. Ese es el mejor pensamiento que necesita.

Jesús tomó los cinco panes y los dos pescados, oró sobre ellos y se multiplicaron de forma sobrenatural. Esa pequeña comida acabó alimentando a quince mil personas probablemente, además, hubo canastas llenas de sobras para llevar a casa. Eso sucede cuando le da a Dios lo que tiene. Él lo multiplicará. ¿Está persuadiéndose para no hacer lo que Dios puso en su corazón?

ORACIÓN PARA HOY

Padre que estás en los cielos, gracias porque tú tomas las hogazas de pan y los pescados en mi vida y los multiplicas siempre que los pongo en tus manos. Gracias porque puedo darte mis sueños y metas y tú harás algo grande con ellas. Con gusto te entrego mi vida hoy. En el nombre de Jesús. Amén.

PENSAMIENTO PARA HOY

Dios le dice a usted hoy lo que Jesús les dijo a sus discípulos: "Dame lo que tienes. No pongas pretextos. No te quedes al margen de la vida sintiéndote intimidado y engañado. Pon tu vida, tus metas y tus sueños en Mis manos".

Día 7

Más de lo que pueda pedir o imaginar

Lectura bíblica: Zacarías 4

No menosprecien estos modestos comienzos, pues el Señor se alegrará cuando vea que el trabajo se inicia...

ZACARÍAS 4:10, NTV

Mary Bethune nació en Carolina del Sur en el año 1875, era la número quince de diecisiete hermanos. Sus padres habían sido esclavos. A pesar de que las probabilidades estaban en su contra, ella pudo recibir una buena educación y hasta fue a la universidad. Desde que era una pequeña niña, su sueño siempre era enseñarle a la gente. Fue una estudiante sobresaliente. No había otra mujer más refinada. Se graduó de la universidad y envió una solicitud para convertirse en misionera en África. Varios meses después, recibió la notificación que la habían rechazado. Por alguna razón, ella no fue aceptada. Sin embargo, en vez de quedarse pensando de lo mal que la vida la estaba tratando, ella tenía la actitud de: *No obtuve esa posición. Quizá no las necesitaba. Si eso iba a impedirme alcanzar mi destino, Dios nunca lo habría permitido.*

Con el tiempo, Mary Bethune decidió empezar su propia escuela. No tenía dinero, un edificio, los suministros o el equipo. Encontró unas viejas cajas de cartón y las usó como escritorios. Recogía bayas rojas cada día y les sacaba el jugo, así sus estudiantes podían usar eso como tinta en sus plumas. Unos años después, una universidad local notó lo que sucedía y le pidió que uniera fuerzas con ellos en lo que llegó a ser conocido como la Universidad Bethune-Cookman. En 1936, el presidente Franklin

Roosevelt la designó como directora de la *Division of Negro Affairs* y como asesora de su gabinete para empleo, educación y asuntos de derechos civiles para los afroamericanos, lo cual la convirtió en la primera mujer afroamericana de la historia que llegó a ser una consejera presidencial.

¿Qué es lo que digo? No desprecie el día de los pequeños comienzos. Recuerde, todo lo que David tenía era una honda y cinco piedras lisas. Parecía insignificante, ordinario, definitivamente no era algo especial. Pero Dios sopló sobre David y él venció a Goliat y se convirtió en el rey de Israel. Todo lo que Moisés tenía era una vara ordinaria, algo que se encontró tirado, aun así, cuando levantó esa vara y la alzó al cielo, el mar Rojo se partió sobrenaturalmente.

Si usted usa lo que Dios le ha dado, Él lo multiplicará. No solamente hará que sus sueños se conviertan en realidad, sino hará más de lo que usted pueda pedir o imaginar.

ORACIÓN PARA HOY

Padre, gracias por tu palabra de que nunca debemos despreciar el día de los pequeños comienzos, pues tú te regocijas al verme usar lo que me has dado y tú harás que aumente a medida que confío en ti. Gracias por la honda y las cinco piedras que son suficientes para derribar a un gigante. Creo que nada puede apartarme de mi destino. En el nombre de Jesús. Amén.

PENSAMIENTO PARA HOY

Sansón estaba rodeado de un gran ejército. A donde volteara había caballos, carruajes y armas. Todo lo que él tenía era la quijada de un asno. No tenía armas ni armadura. Nadie lo apoyaba. Sin embargo, tomó esa quijada, Dios sopló sobre él, y él venció a mil hombres. ¿Qué tiene en su mano? Lo que sea, ¡es suficiente!

Día 8

El sonido de los pasos

Lectura bíblica: 2 Reyes 7

Llegando [los cuatro leprosos] a la entrada del campamento de los sirios, no había allí nadie. Porque Jehová había hecho que en el campamento de los sirios se oyese estruendo de carros, ruido de caballos, y estrépito de gran ejército...

2 REYES 7:5–6

La Escritura nos cuenta de cuatro leprosos que, desesperados por el hambre, se dirigían hacia el campo enemigo. Esos cuatro hombres no tenían nada: no tenían suministros, comida, protección ni siquiera salud. En lo natural, ellos no tenían oportunidad de sobrevivir. Ellos podrían haberse quedado deprimidos, enfocados en lo que no tenían. En lugar de eso, estaban usando lo que sí tenían. Cuando se acercaban al campo enemigo, Dios multiplicó el sonido de sus pasos. Sonaba como que un gran ejército estaba atacando. Sus enemigos huyeron por sus vidas y dejando todos sus suministros, salvando no solo la vida de los leprosos sino, además, al pueblo de Samaria.

"Bueno, Joel, no tengo mucho talento". Quizá no. Pero, ¿tiene pasos? Mary Bethune no tenía dinero, pero tenía bayas rojas. Mi padre no tenía un edificio para la iglesia, pero tenía una vieja y deteriorada tienda de alimentos para animales. Si usa lo que Dios le ha dado, Él lo va a multiplicar. Él multiplicará su talento, multiplicará sus recursos y multiplicará su influencia. Dios no es experto en sumas; Él es experto en multiplicación. Lo que tiene ahora podría parecer pequeño, pero si continúa honrando a Dios, eso no se va a quedar pequeño. Usted entrará en un incremento sobrenatural, buenas circunstancias, conexiones divinas y oportunidades que nunca antes había visto. Tiene exactamente lo que necesita para cumplir su destino. Ahora, esta es la clave: Quizá usted no tenga tanto como otro miembro de su familia, un compañero de trabajo o un amigo. Pero no importa. Usted no corre la carrera de ellos; sino la propia. Si Dios le diera lo que ellos tienen, eso no le ayudaría. Eso le estorbaría. Usted no está ungido para ser ellos. Está ungido para ser usted.

No se pierda lo que Dios le ha dado. Quizá no parezca tan impresionante como lo que tiene alguien más. Quizá usted no tenga el talento, el porte, la personalidad, el ingreso o la influencia que ellos tienen. Sin embargo, considere que lo que Dios le ha dado, ha sido diseñado específicamente solo para usted. Puso en usted, exactamente, lo que necesita para cumplir el plan que Él tiene para su vida.

ORACIÓN PARA HOY

Padre celestial, gracias porque lo que me has dado está diseñado exclusivamente para mí. Gracias porque me has hecho exactamente para lo que quieres que haga en mi mundo. Creo y declaro que tengo justo todo lo que necesito para cumplir tu plan para mi vida. Declaro que en mi caminar en fe contigo, el sonido de mis pasos se multiplicará y traerá victoria a mi vida. En el nombre de Jesús. Amén.

PENSAMIENTO PARA HOY

Dios le dio específicamente sus dones, sus talentos, su porte y su personalidad. No sucedió al azar. Dios no cerró los ojos y dijo: "Ten, solo toma esto. Eso servirá". No, Dios lo acopló a su mundo.

Tenga confianza en sí mismo

Lectura diaria: Génesis 6

*Y tomando su cayado en la mano, escogió del arroyo cinco
piedras lisas y las puso en el saco de pastor que traía, en el
zurrón, y con la honda en la mano se acercó al filisteo.*

1 Samuel 17:40, ntv

Hace algunos años, estaba predicando ante varios cientos de
pastores. Después, tuvimos un tiempo para preguntas. Un
pastor que se puso de pie era un hombre muy corpulento, medía
casi dos metros de alto y pesaba unas trescientas libras. Yo mido
un metro ochenta de alto. La televisión lo hace a uno parecer más
alto de lo que es en verdad. Ellos estaban sorprendidos por mi baja
estatura. Él dijo, de manera muy dramática: "Joel, ¿yo solo quiero
saber cuánto pesa usted?". Sonreí y dije: "¡ciento cincuenta libras
de acero puro!".

Usted debe tener confianza en el propósito para el cual lo creó
Dios. Usted no es muy bajo, ni muy alto. Tiene el tamaño adecuado.
Tiene la personalidad indicada. La nacionalidad correcta. Usted ha
sido exclusivamente diseñado por el Creador del universo. Enderece
su espalda y levante la cabeza. Usted no es insuficiente. No ha sido
engañado. No está en desventaja. Tiene, exactamente, lo que necesita para el lugar donde está.

Cuando David fue a enfrentar a Goliat, el rey Saúl trató de
hacer que David usara su armadura. David no tenía protección alguna y su única arma era su honda. Saúl tenía buenas intenciones.
Él dijo: "David, por lo menos usa mi armadura. Vas a ir allí y te
van a matar". Sin embargo, David era mucho más bajo que el rey

Saúl y cuando se puso la armadura, le quedó muy grande. No le ayudó. Pesaba mucho. Eso es porque lo que Dios les ha dado a otras personas no funcionará para usted. No trate de parecerse a alguien más. "Desearía tener su talento, su apariencia, su personalidad". Si usted se pone esa armadura, estará incómodo, así como lo estuvo David. Eso disminuirá su ímpetu. ¿Por qué? Porque no fue diseñada para usted. Usted es único. No hay otro igual. Dios hizo su armadura a la medida. Usted porta una armadura especialmente diseñada. Nadie tiene lo que usted tiene. Cuando salga hoy, ¡necesitará caminar con cierto estilo!

Levántese cada mañana y recuérdese a sí mismo: "Tengo la fuerza, el talento, los amigos, los recursos y las cualidades que necesito para hoy". Si hace eso, debido a que su confianza está en el Señor, creo y declaro que nunca le hará falta ninguna cosa buena. Dios tomará lo pequeño y lo convertirá en mucho. Él multiplicará lo que usted tiene y lo llevará a donde nunca soñó.

ORACIÓN PARA HOY

Padre, gracias porque tal como David no necesitó la armadura de Saul, yo no necesito tratar de ser alguien más. Gracias porque nadie más tiene exactamente lo que tú me has dado a mí y me queda perfectamente. Creo que en ti tengo todo lo que necesito para el lugar donde me encuentro hoy. En el nombre de Jesús. Amén.

PENSAMIENTO PARA HOY

Todo lo que David tenía era una honda. La diferencia era que la honda era parte del destino divino de Dios. Si él la hubiera visto y pensado: *No es nada. Es pequeña. Es insignificante. No puedo hacer esto,* él se habría perdido su destino.

RETENGA SU CORONA

Día 1

La corona de gloria y honor

Lectura bíblica: Salmo 8

Le has hecho poco menor que los ángeles, y
lo coronaste de gloria y de honra.

SALMO 8:5

Cuando Dios sopló su aliento de vida en usted, Él puso una corona en su cabeza. El salmista la llamó "una corona de gloria y honor". Esta corona representa su autoridad. Representa la bendición y el favor de Dios en su vida. Es un recordatorio que usted no es una persona común, que no es mediocre: Usted es de la realeza. Cuando porte su corona, tendrá una sensación de derecho, pensando: *Tengo el derecho de ser bendecido. Tengo el derecho de vivir en victoria. Tengo el derecho de vencer estos retos, no porque yo sea espectacular, muy fuerte o muy talentoso, sino porque porto una corona de honor que mi Creador me puso.*

Su percepción de sí mismo determinará el tipo de vida que lleve. Si piensa de sí mismo como promedio, si siente que es inferior por lo que alguien dijo de usted, si vive con culpa y condenación por los errores del pasado, eso va a limitar su potencial. ¿Qué sucede? Usted no lleva puesta su corona.

Jesús dijo: "Retén firme lo que tienes, para que nadie tome tu corona" (Apocalipsis 3:11). A lo largo de la vida, siempre habrá alguien o algo tratando de tomar su corona. Las personas hablarán de usted, tratando de hacerle lucir mal, de presionarlo. Lo que ellos realmente están haciendo es tratar de quitarle su corona. Hágase un favor. No permita que se la quiten. Nadie puede tomar su corona. Usted tiene que soltar lo que le dijeron o hicieron en vez de perder su corona.

Cuando esos pensamientos le digan que no es lo suficientemente atractivo, solo tenga un mejor pensamiento y diga: "No, gracias. No van a tomar mi corona. Sé que soy asombrosa y maravillosamente creado. *Nunca saldrás de deudas.* "No, gracias. Yo daré en préstamo, no pediré prestado. Todo lo que toque prosperará y tendrá éxito". No solo está siendo positivo, está reteniendo su corona. Los pensamientos dicen: *Mira donde estás en la vida. Deberías avergonzarte de ti mismo. Mira los errores que has cometido. ¿Cuántas veces has fracasado?* "No, no tendrás mi corona. Es posible que haya caído, pero mírenme ahora. No me quedé en el suelo. Me levanté de nuevo. Cometí errores, pero eso no me cambió el nombre. Aún soy hijo del Dios Altísimo".

ORACIÓN PARA HOY

Padre que estás en los cielos, gracias porque has puesto una corona de gloria y honor en mi cabeza por tu gracia. Gracias porque no soy menos que los demás o simplemente promedio, sino que tú me has hecho de la realeza. Declaro que no permitiré que nada ni nadie me quite mi corona. En el nombre de Jesús. Amén.

PENSAMIENTO PARA HOY

Eleanor Roosevelt dijo: "Nadie puede hacerle sentir inferior sin su permiso". Si va a retener su corona, tiene que plantarse y decir: "No voy a permitir que lo que alguien dijo, o el hecho de que alguien me dejó, o que algo no haya funcionado robe mi sentido de valor. Sé que he sido coronado con honor".

Día 2

La corona le pertenece

Lectura bíblica: Apocalipsis 3

Pues si por la transgresión de uno solo reinó la muerte, mucho
más reinarán en vida por uno solo, Jesucristo, los que reciben
la abundancia de la gracia y del don de la justicia.

ROMANOS 5:17

Cuando alguien trata de hacerle sentir inferior, hace comentarios despectivos. En lugar de molestarse y creer lo que dicen los demás, solo levante las manos y ajuste su corona. Ellos no pueden cambiar lo que es usted a menos que se los permita. No controlan su destino. No determinan su valor. No soplan vida en usted; Dios sí. Él lo llama una obra maestra. Él dice que usted es un rey, una reina. Se espera que usted reine en la vida. Por eso Él puso la corona de honra en su cabeza. Es para recordarle la persona que es usted.

El error que cometemos con mucha frecuencia es creer esas mentiras. Alguien dice: "No tienes tanto talento". En lugar de decir: "No, gracias", decimos: "Oh, tienes razón. Permíteme quitarme la corona. Pensé que tenía talento". El mensaje viene a nosotros: "Tú no eres de la realeza. No provienes de la familia correcta. Nunca harás algo grande". En lugar de ignorarlo, de no dedicarle tiempo, pensamos: *¿Qué estaba pensando? Dejen que me quite la corona.*

¿Qué estoy diciendo? La gente no determina su destino. Ellos no saben lo que hay en usted. No se quite la corona porque alguien le juzgó por lo que vio externamente. Alguien le dijo que no tiene suficiente talento, que no es lo suficientemente atractiva, que no es lo suficientemente alto, que no es lo suficientemente listo. Usted no tiene que tenerlos a ellos animándole. Mantenga su corona puesta, siga dando lo mejor de sí, continúe honrando a Dios y Él le llevará a donde usted debe estar.

La herramienta principal del enemigo es el engaño. No hay nada que le guste más que usted vaya por la vida sin portar su corona, permitiendo que la gente y las circunstancias lo convenzan de: "No mereces ser bendecido. No tienes lo necesario. Has pasado por muchas cosas. No puedes sentirte bien de ti mismo". ¡No se atreva a entregar su corona! Le pertenece a usted. Su Creador la puso allí. No tiene nada que ver con la forma en que se siente, cómo se ve o lo que la demás gente diga. El único fundamento es que usted es hijo del Dios Altísimo. Él le ha coronado con gloria y honra.

ORACIÓN PARA HOY

Padre, gracias por tu provisión abundante de gracia para que yo pueda reinar en mi vida a través de Jesucristo. Gracias porque la corona de honor no tiene relación alguna con lo que yo sienta o lo que otros digan. Creo que es mía, así como el regalo de justificación. En el nombre del Señor. Amén.

PENSAMIENTO PARA HOY

¿Alguna decepción, una mala circunstancia o un divorcio ha provocado que usted perdiera su pasión por la vida? Su corona espera por usted. Vuelva a soñar. Vuelva a creer. Vuelva a tener esperanza.

Día 3

Recupere su corona

Lectura bíblica: 1 Samuel 1

*Por este niño [Samuel] oraba, y Jehová me dio lo que le
pedí. Yo [Ana], pues, lo dedico también a Jehová; todos los
días que viva, será de Jehová. Y adoró allí a Jehová.*

1 Samuel 1:27–28

Conozco a un joven a quien le encantaba jugar béisbol. Era su
pasión desde niño, pero cuanto trató de ingresar al equipo de
la escuela, el entrenador no le dio oportunidad alguna. Él dijo: "Lo
siento, hijo. No puedes intentarlo. Eres demasiado bajo de estatura.
Nunca podrás entrar en este equipo". El entrenador no estaba tratando de ser grosero. Él solamente lo estaba viendo en lo natural. Sin
embargo, solo porque alguien no cree en usted no significa que eso
tenga que detener su sueño.

Ese día, este joven regresó a su casa muy desanimado; su anhelo
era jugar béisbol. Pero en lugar de quedarse sentado por ahí sintiéndose derrotado, pensando que no era lo suficientemente bueno, él re-
tuvo su corona. Su actitud era: *El entrenador puede decir que soy muy
bajo de estatura, pero yo sé que no soy un error. Tengo la estatura adecuada. Tengo lo que necesito para cumplir con mi destino.* Un par de
semanas después, la escuela anunció que debido a que muchos niños
se presentaron a la prueba, estaban formando un segundo equipo. Él
volvió a intentarlo y fue aprobado. Estaba muy emocionado porque
iba a jugar, aunque él sabía que estaba en el equipo de los "menos ta-
lentosos". Esos dos equipos de la misma escuela jugaron en la misma
división junto con otros diez equipos. Los dos equipos terminaron
disputándose el campeonato. Este joven era el pícher en el equipo

"menos talentoso". Aunque se le había dicho que era muy bajo de estatura, él dejó fuera a un bateador tras otro. Terminaron venciendo al equipo "más talentoso" y ganaron el campeonato de la división.

La razón por la que la gente no siempre lo anima y lo insta a seguir es porque ellos no pueden sentir lo que usted siente. Dios no puso el sueño en ellos; lo puso en usted. No permita que el desánimo robe su entusiasmo. Mantenga puesta su corona. Siga creyendo. Siga teniendo esperanza. Siga buscando. Usted no necesita que todos estén a su favor. Usted y Dios son mayoría. Cuando usted porte su corona, Dios abrirá puertas que ningún hombre puede cerrar. Él le ayudará a cumplir lo que usted no pudo cumplir por sus propios medios. Él no habría puesto el sueño en usted si Él, en realidad, no tuviera una manera que convertirlo en realidad.

ORACIÓN PARA HOY

Padre celestial, gracias porque venciste todo el desánimo que Ana experimentó y ella recuperó su corona, y yo también puedo hacerlo. Ayúdame a seguir creyendo, esperando y buscando. Creo que abrirás puertas que nadie puede cerrar. En el nombre de Jesús. Amén.

PENSAMIENTO PARA HOY

¿Ha permitido que un error, un fracaso o la bancarrota lo convenzan de que se conforme con menos? Usted necesita recuperar su corona. No estaría vivo si Dios no tuviera otra victoria frente a usted. Él le ayudará a alcanzar lo que no puede alcanzar por sí mismo.

Día 4

Buscadores de aprobación

Lectura bíblica: Juan 5

La aprobación de ustedes no significa nada para mí...

JUAN 5:41, NTV

Jesús les dijo a Sus críticos: "Su aprobación o desaprobación no significa nada para mí". Esa es una manera poderosa de vivir. Lo que él decía era: "Yo sé quién soy, y nada de lo que hagan o dejen de hacer lo cambiará. Ustedes pueden celebrarme o crucificarme, pero Yo retengo mi corona". La gente es impulsiva. En un momento le vitorean y en otro momento pueden estarlo despreciando, tratando de hacerlo ver mal. En un momento Jesús estaba entrando a Jerusalén en burro y la gente ondeaba hojas de palma, celebrando Su llegada como si Él fuera un rey. Unos días después, esas mismas personas gritaban: "¡Crucifíquenlo! ¡No merece vivir!".

Si usted determina que portar su corona depende de si le agrada a la gente o no, si ellos creen en usted o no, va a estar quitándose y poniéndose la corona por el resto de su vida. Usted no necesita la aprobación de los demás; usted tiene la aprobación de Dios Todopoderoso. Nuestra actitud debería ser: *Pueden estar de mi lado o en mi contra, pueden celebrarme o criticarme, pero una cosa es segura: No les voy a dar mi corona. Yo sé quién soy. Pertenezco a la realeza. Soy aceptado. Soy aprobado. Soy valioso.*

En la Escritura, Isaac le dijo a su hijo, Esaú: "Tu hermano se ha llevado tu bendición". A veces, nosotros dejamos que otras personas se lleven nuestra bendición. Permitimos que lo que se dice de nosotros, su desaprobación y palabras desalentadoras, nos impida ser lo que debemos ser. Usted tiene que ponerse firme y decir: "No

174

voy a permitir que la gente me persuada de no seguir mis sueños. No voy a permitir que un compañero de trabajo me haga sentir inferior, como si no fuera lo suficientemente bueno. No voy a permitir que un entrenador, un maestro o un consejero me convenzan de vivir una vida promedio, mediocre, donde apenas me las arregle". Usted tiene semillas de grandeza. Está destinado para dejar huella en esta generación. No le permita que nadie le quite su bendición.

ORACIÓN PARA HOY

Padre, gracias porque no necesito preocuparme de si le caigo bien a la gente o si creen en mí. Gracias porque tu aprobación es todo lo que necesito. Creo que soy aceptado, aprobado y valioso para ti y me niego a permitir que otros se lleven mi bendición. En el nombre de Jesús. Amén.

PENSAMIENTO PARA HOY

Antes de que usted fuera formado en el vientre de su madre, Dios ya lo conocía y lo aprobaba. Cuando Él lo hizo, dio un paso hacia atrás y dijo: "Me gusta. Es bueno. ¡Otra obra maestra!". Él le puso su sello de aprobación. A usted no le falta nada.

Día 5

De dónde vienen los pensamientos negativos

Lectura bíblica: Génesis 3

Pero temo que como la serpiente con su astucia engañó a Eva, vuestros sentidos sean de alguna manera extraviados de la sincera fidelidad a Cristo.

2 Corintios 11:3

Cuando miramos hacia atrás, podemos ver que el enemigo ha estado tratando de quitarnos nuestra corona desde el principio de los tiempos. En el Huerto del Edén, Adán y Eva vivían confiados y seguros. Ellos estaban en paz con Dios, en paz consigo mismos. Portaban sus coronas. Sabían que tenían la bendición y el favor de Dios. Pero un día, el enemigo los engaño para que comieran el fruto prohibido. Cuando lo hicieron, inmediatamente tuvieron temor. Corrieron a esconderse. En efecto, le dieron sus coronas al enemigo.

Eso sucede cuando entregamos nuestra corona de honor. Abre la puerta al temor, la inseguridad y la vergüenza. Nos enfocamos en lo que no somos o en los errores que hemos cometido, en lo que la demás gente ha dicho de nosotros. No hay memoria de quiénes somos. Creemos esas mentiras que nos pueden humillar.

Cuando Dios llegó buscando a Adán y a Eva, Él no podía encontrarlos. Llamó a Adán: "¿Dónde estás?". Adán dijo: "Estamos escondidos porque estamos desnudos". Dios preguntó: "¿Quién les dijo que estaban desnudos?". Dios sabía que Adán se había quitado su corona. Dios nos pregunta hoy, "¿Quién les dijo que eran comunes? ¿Que no podían alcanzar sus sueños? ¿Que son muy pequeños? ¿Que no provienen de la familia adecuada? ¿Que no son lo suficientemente buenos?". Les aseguro que esos pensamientos negativos no vinieron de nuestro Dios. Usted necesita volver a ponerse su corona. Quizá le permitió a alguna persona o evento quitársela. La buena noticia es que la puede recuperar. No es demasiado tarde; usted tiene control sobre su corona.

Empieza en su pensamiento. No más "solo soy un estudiante de notas bajas. Solo soy promedio". Diga: "Soy un estudiante sobresaliente. Tengo mucha sabiduría. Voy a sobresalir en la escuela". Cuando piensa mejor, vive mejor. No más "he pasado por muchas cosas. Perdí a un ser amado. Nunca volveré a ser feliz". Diga: "Dios me da belleza a cambio de estas cenizas. Lo que Él empezó en mi vida, Él lo terminará". No se quede sentado sintiendo lástima por sí mismo. Vuelva a ponerse su corona. No más "no vengo de la familia adecuada. No tengo nada de especial". Diga "he sido hecho a la imagen del Dios Todopoderoso. Soy una obra de arte, soy único. Soy una posesión preciada".

ORACIÓN PARA HOY

Padre que estás en los cielos, gracias porque me diste una corona de honor y porque ni el enemigo tiene poder para quitármela. Gracias porque estoy cubierto por tu gracia y tu favor y he sido hecho a tu imagen. Creo que alcanzaré mi más alto potencial. En el nombre de Jesús. Amén.

PENSAMIENTO PARA HOY

Si va a alcanzar su más alto potencial, necesita mantener su corona puesta y decir: "Tengo el favor de Dios. Estoy equipado, facultado y ungido". No sucede de manera automática. Por eso es que la Escritura dice que nos aferremos a lo que tenemos para que nadie nos lo quite.

Día 6

Piense como miembro de la familia real, viva como miembro de la familia real

Lectura bíblica: Isaías 61

...a ordenar que a los afligidos de Sion se les dé gloria en lugar de ceniza, óleo de gozo en lugar de luto, manto de alegría en lugar del espíritu angustiado; y serán llamados árboles de justicia, plantío de Jehová, para gloria suya.

Isaías 61:3

Recientemente, hablé con una joven en el vestíbulo de la iglesia. Ella estaba muy desanimada porque su esposo la dejó por alguien más. Ella era una mujer hermosa, pero ahora estaba convencida de que no era lo suficientemente atractiva, talentosa o inteligente. Ella había entregado su corona. Me dijo todas las cosas que debió haber hecho mejor. "Si tan solo hubiera hecho esto, si tan solo hubiera hecho aquello". En su mente, lo sucedido era su culpa. Sin embargo, cuando alguien se va de su vida, no necesariamente significa que hay algo malo con usted. Podría ser que la otra persona fuera el problema. Sin embargo, el acusador trabajará tiempo extra tratando de convencerla de que usted no dio la talla, que no es valiosa y que no hay nada bueno en su futuro. Él trata de quitarle su corona.

La Escritura dice que Dios nunca nos dejará ni nos abandonará. Si ellos la dejaron y los necesitaba, eso significaría que Dios la estaba abandonando a usted. De manera que puede concluir que, si ellos la dejaron, usted no los necesitaba. Si se fueron, no eran parte de su destino. Isaías dijo que Dios le dará el doble por las injusticias que han sucedido. Quizá no se dé cuenta, pero cuando ellos se fueron, en cierto modo, la prepararon para lo que Dios verdaderamente quiere hacer. ¡Él tiene a alguien sorprendente en su futuro! Una conexión divina. Alguien mejor de lo que pudo imaginar. Alguien que la tratará como la reina que debió ser. Pero usted tiene que hacer su parte y volver a ponerse la corona. No va a suceder si anda negativa, desanimada y sintiéndose fea. Si en su interior no se siente atractiva, no será atractiva por fuera. Usted se comporta de la manera en que piensa de sí misma.

Cuando usted porta su corona, tiene confianza y seguridad. Sabe que es una obra maestra, única, una posesión preciada. No está enfocándose en todo el palabrerío negativo: lo que no es, lo que no tiene o lo que los demás dicen. Usted pasa el día con una sonrisa en el rostro, con energía. Sabe que pertenece a la realeza, que ha sido coronada con gloria y honor.

ORACIÓN PARA HOY

Padre, gracias porque tú nunca me dejarás ni me abandonarás. Gracias porque tienes la forma para restaurarme el doble por lo injusto que me ha sucedido. Creo que tú me darás siempre una corona de belleza en lugar de cenizas y el ungüento de gozo en lugar de luto. En el nombre de Jesús. Amén.

PENSAMIENTO PARA HOY

Cuando piense como miembro de la familia real, vivirá como miembro de la familia real y pasará a tener conexiones divinas. No tiene que ir tras ellas. Dios hará que la gente indicada lo busque.

Día 7

La retribución se acerca

Lectura bíblica: Rut 4

Y las mujeres decían a Noemí: Loado sea Jehová, que hizo que
no te faltase hoy pariente, cuyo nombre será celebrado en Israel;
el cual será restaurador de tu alma, y sustentará tu vejez.

RUT 4:14–15

Primero, Noemí perdió a su esposo y quedó viuda, y luego, sus dos hijos casados también murieron. Noemí estaba tan desanimada, no pensó que podía continuar. Se quitó su corona. Había sido una mujer feliz, llena de gozo y dulzura; pero, ahora, estaba amargada. Hasta se cambió el nombre de Noemí, que significa "mi gozo", a Mara, que significa "amarga". Cuando la gente la llamaba Noemí, ella decía: "Por favor, no me llamen así, "díganme amarga". El problema es que cuando usted se quita su corona, se quita el favor, el honor y la gloria. Y usted necesita de eso para que Dios le reintegre.

Noemí pensó que su vida estaba acabada. Sin embargo, cuando vio algunos viejos amigos y trató de persuadirlos para que la llamaran Mara, ellos dijeron: "Noemí, esa no eres tú. No eres amarga. Te llamamos 'Mi gozo'". Ellos continuaron llamándola Noemí. Cada vez que lo hacían, profetizaban su futuro. Ella trataba de permanecer en la derrota, pero ellos decían: "No. Vas hacia la victoria". Ella seguía tratando de quitarse la corona y ellos continuaban volviendo a ponérsela.

Usted necesita personas a su alrededor que le recuerden quién es. Permanezca cerca de las personas que le llamarán bendecida, victoriosa, realeza. Usted quiere personas en su vida que le recuerden que sus mejores días aún están por llegar, que lo que tuvo la intención de lastimarla, Dios lo usará para su beneficio; personas que le ayudarán a mantener su corona puesta.

Cuando Noemí regresó a su tierra natal, su nuera viuda, Rut, fue con ella. Rut conoció a un hombre llamado Booz y se casaron. Un día, tuvieron un bebé. Parecía como si Noemí no tenía alguna razón para vivir, pero cuando vio ese bebé, algo volvió a vivir en su interior. La Escritura dice: "Las mujeres del pueblo se alegraron, diciendo: 'Noemí, este bebé restaurará tu juventud'". Ella tuvo un nuevo sentido de propósito. Cuidó a ese pequeño bebé como si fuera suyo. Noemí pensó que nunca volvería a ser feliz, pero ahora estaba más satisfecha que nunca. Ese era Dios restituyéndole por las injusticias que le habían sucedido; ella tenía puesta su corona otra vez.

ORACIÓN PARA HOY

Padre celestial, gracias porque tú puedes tomar las situaciones más injustas de mi vida y convertirlas en maravillas positivas. Y gracias por la gente que tengo en mi vida que me ayuda a mantener mi corona puesta. Ayúdame a estar cerca de aquellos que me recuerdan quien soy, un hijo del Rey de todo, el Dios todopoderoso. En el nombre de Jesús. Amén.

PENSAMIENTO PARA HOY

¿Está portando su corona hoy? ¿O ha permitido que una decepción, una pérdida o una mala circunstancia le convenza de quitársela? En los tiempos difíciles, más que nunca, necesita recordarse continuamente a sí mismo: "Soy un hijo del Dios Altísimo. Él tiene belleza a cambio de cenizas; el doble viene hacia mí".

Día 8

Redescubra su verdadero yo

Lectura bíblica: Salmo 105

*Buscad a Jehová y su poder; buscad siempre su
rostro. Acordaos de las maravillas que él ha hecho, de
sus prodigios y de los juicios de su boca.*

Salmo 105:4–5

Escuché una versión de la historia mitológica sobre Elena de
Troya. Ella era una reina extremadamente hermosa, una joven
mujer nacida en la realeza, amada y admirada por todo el pueblo.
Pero un día fue secuestrada y llevada a un país extranjero. Con toda
la confusión, le dio amnesia. No podía recordar su nombre o de
dónde era. Terminó viviendo en las calles, sin hogar, y se aprove-
chaban de ella. Nadie sabía dónde estaba y ella no sabía quién era.
Allá en su tierra, aunque habían pasado muchos años, sus amigos
y familiares creían que todavía vivía. Entonces, un hombre que la
amaba mucho, se propuso tratar de encontrarla.

Mientras buscaba por las calles de un país lejano, vio a una mujer
de apariencia miserable cuyas ropas eran harapos, su cabello estaba
sucio y enredado, y su rostro golpeado y lastimado. Pero ella le parecía extrañamente conocida. El hombre le preguntó cuál era su
nombre. Ella balbuceó algo y no quería hablar. La vio más de cerca
y le preguntó si podía ver sus manos. Él recordaba las líneas en las
manos de Elena. Cuando la mujer le mostró sus manos, él estaba
estupefacto. No lo podía creer. Él susurró: "Elena". Ella lo miró con-
fundida. Él dijo: "Tú eres Elena de Troya. Eres la reina. Elena, ¿no
lo recuerdas?". De repente, fue como si una luz se hubiera encen-
dido, y su rostro brilló. La confusión desapareció. Ella redescubrió

su verdadero yo y abrazó a su amigo. Juntos, regresaron a su tierra natal y, una vez más, ella fue la reina que debía ser.

Como Elena, muchísima gente, hoy día, sufre de amnesia espiritual. Ellos nacieron en la realeza, creados para reinar en la vida. Dios los coronó con honor y gloria; sin embargo, de alguna manera, olvidaron quienes eran. A causa de las malas circunstancias, las decepciones y los errores que cometieron, se sienten golpeados por la vida y viven muy por debajo de sus privilegios, pensando que son comunes. Tal como este hombre lo hizo por Elena, estoy aquí para recordarle a quién le pertenece usted. Es hijo del Dios Altísimo. Tiene sangre de realeza fluyendo por sus venas. Hay una corona de honra que le pertenece. Ahora, haga su parte y vuelva a ponerse la corona y viva como miembro de la familia real.

ORACIÓN PARA HOY

Padre, gracias porque tú siempre estás cerca para ayudarme a volver a ponerme la corona. Gracias porque puedo recordar las maravillas que has hecho en mi vida. Declaro que soy tu hijo, que tengo sangre de realeza fluyendo en mis venas. En el nombre de Jesús. Amén.

PENSAMIENTO PARA HOY

Nada de lo que le ha pasado ha detenido el plan de Dios. Él sabe cómo dar belleza en lugar de cenizas, cómo convertir su lamento en baile. Las fortalezas que lo han retenido se están rompiendo. Las cadenas de pensamiento derrotista y una mentalidad negativa se están aflojando. Usted va a redescubrir su verdadero yo. Usted no es promedio ni mediocre; usted pertenece a la realeza, es un rey, una reina.

Día 9

Conserve su bendición

Lectura bíblica: Daniel 3

Entonces Nabucodonosor dijo: Bendito sea el Dios
de ellos, de Sadrac, Mesac y Abednego, que envió su
ángel y libró a sus siervos que confiaron en él, y que no
cumplieron el edicto del rey, y entregaron sus cuerpos
antes que servir y adorar a otro dios que su Dios.

DANIEL 3:28

Leí acerca de un niño de ocho años que nació unos años antes de la Revolución Francesa. Su padre era el rey Luis XVI. Durante toda la violenta sublevación, primero, su familia fue encarcelada y, luego, su madre y su padre fueron condenados a muerte. En enero de 1793, su padre fue llevado a la plaza pública y decapitado, y su madre sufrió la misma suerte en octubre del mismo año. El joven príncipe continuaba siendo una amenaza para los líderes de la revolución quienes decidieron "retener" a Luis XVII para hacerlo obediente a la revolución y para acusar a su madre de haber cometido delitos. Circularon historias que el real heredero al trono fue sujeto a extrema crueldad y que se hicieron intentos para enseñarle a decir cosas profanas, a mentir, a engañar y a hacer el mal. Mientras nadie sabe exactamente qué pasó, en mi imaginación puedo verlo ponerse firme cuando ellos trataban de obligarlo a decir obscenidades y lo escucho decir: "No, no lo voy a hacer. Nací para ser rey. No hablaré de esa manera". Cuando trataban de hacer que mintiera, engañara, cediera, lo mismo: "Soy un rey. No lo haré".

Cuando el enemigo trate de reprogramar su pensamiento diciéndole que usted es común, ordinario, solamente diga: "No, gracias.

Soy un rey. No pensaré de esa manera". Cuando los pensamientos traten de convencerlo de vivir una vida mediocre, derrotada, diga: "No, gracias. Yo sé que soy realeza. No viviré por debajo de mis privilegios. Sé que soy hijo del Dios Altísimo".

Le pido que mantenga su corona puesta. Quizá haya atravesado decepciones y pérdidas. La vida tratará de quitársela. Tiene que aferrarse a lo que Dios le ha dado. No permita que nadie ni nada se lleve su bendición. Si toma esta decisión conmigo de que va a mantener su corona puesta, creo y declaro que reinará en la vida, subirá más alto, alcanzará sus sueños y alcanzará la plenitud de su destino.

ORACIÓN PARA HOY

Padre que estás en los cielos, gracias por el ejemplo de Sadrac, Mesac y Abednego, quienes se negaron a quitarse su corona. Gracias porque puedo aferrarme a lo que me has dado y andar en tu bendición. No viviré por debajo de mis privilegios como hijo tuyo. En el nombre de Jesús. Amén.

PENSAMIENTO PARA HOY

Vuelva a ponerse su corona. Esa corona es lo que le da el favor. Nada de lo que ha pasado ha disminuido su valor. Usted es la posesión preciada, la niña de los ojos de Dios. No permita que la decepción o la pérdida se lleven su bendición. No es el final. Es un nuevo comienzo.

SECCIÓN X

SOLO RECUERDE

Día 1

Fue la mano de Dios

Lectura bíblica: Salmo 103

Bendice, alma mía, a Jehová, y no olvides ninguno de sus beneficios. Él es quien perdona todas tus iniquidades, el que sana todas tus dolencias; el que rescata del hoyo tu vida, el que te corona de favores y misericordias...

SALMO 103:2–4

Cuando mire su vida en retrospectiva, medite en alguna de las cosas que ha enfrentado que en ese momento no pensaba que podía superar. El obstáculo era tan grande, el rompimiento le lastimó tanto, el informe médico era tan negativo. Usted no veía una salida, pero Dios lo cambió todo. Él le dio fuerza cuando no creía poder continuar. Él trajo a la persona indicada cuando pensaba que siempre estaría solo. Él le dio un ascenso, le dio esa buena circunstancia y todo se arregló. Ahora, usted está mucho mejor de lo que nunca imaginó.

Ese no fue un golpe de suerte. No fue una coincidencia. Era la mano de Dios. Usted debió estancarse, ser adicto, pobre, estar deprimido y solo, pero Dios hizo un camino donde parecía no haberlo. Usted puede decir lo que yo digo: "No llegué a donde estoy por mí mismo. No fue simplemente mi buena suerte, mi trabajo duro o mi talento. Fue el favor de Dios. Él hizo que sucedieran cosas que yo nunca hubiera podido hacer por mí mismo".

Sin embargo, a ninguno de nosotros nos gustan las dificultades. Si tuviéramos una opción, no pasaríamos por ellas. No obstante, esos desafíos no solamente lo prepararon para su futuro, ahora tiene una historia con Dios. Cuando está en un tiempo difícil y no ve una salida, en lugar de desanimarse y ser negativo, puede recordar cómo Dios mejoró su salud. Recuerde cómo le dio un bebé cuando el especialista había dicho que no podía tener hijos. Recuerde cómo lo sacó de ese problema en el que usted se metió.

Cuando recuerde cómo Dios lo ha protegido, promovido, sanado y restaurado, la fe volverá a surgir en su corazón. En lugar de pensar: *Nunca voy a salir de este problema*, diga confiadamente: "Dios lo hizo por mí una vez; Él lo volverá a hacer por mí. Él hizo un camino en el pasado; sé que Él va a hacer un camino en el futuro". No se queje del problema. No es al azar. Usted va a necesitar esa victoria en el futuro. Dios lo está llevando de gloria en gloria.

ORACIÓN PARA HOY

Padre, gracias porque tu mano ha estado sobre mi vida en muchas formas. Gracias por las cosas incontables que has hecho que sucedan por mi bien y para tu gloria que yo nunca habría podido lograr por mí mismo. Creo que me proteges, promueves, sanas y restauras. En el nombre de Jesús. Amén.

PENSAMIENTO PARA HOY

Cuando esté pensando constantemente en la bondad de Dios, y cómo Él le ha protegido, justificado y promovido, no solo aumentará la fe en su corazón, sino que es esa actitud de esperanza la que permite que Dios haga grandes cosas en su futuro.

Día 2

Desarrolle el hábito
de recordar

Lectura bíblica: Deuteronomio 8

*Si dijeres en tu corazón: Estas naciones son mucho
más numerosas que yo; ¿cómo las podré exterminar?
no tengas temor de ellas; acuérdate bien de lo que
hizo Jehová tu Dios con Faraón y con todo Egipto.*

Deuteronomio 7:17–18

Esto es lo que pasó con los israelitas. Ellos se enfrentaron contra ejércitos enormes, contra naciones que eran más fuertes, tenían más equipo y eran más diestros en la batalla. Los israelitas acababan de salir de la esclavitud. Ellos no tenían entrenamiento militar ni armas; solamente trataban de sobrevivir en el desierto. Ellos se dirigían hacia la Tierra Prometida, pero tenían que vencer un enemigo tras otro. Estaban desanimados. No sabían cómo hacerlo.

Dios les dijo: "Tal vez te preguntes: "¿Cómo podremos conquistar a esas naciones que son mucho más poderosas que nosotros?". Pero no les tengas miedo. Solo recuerda lo que el Señor tu Dios le hizo al faraón. Tú lo viste todo con tus propios ojos, las señales milagrosas y el brazo poderoso con que te sacó". Lo que Dios estaba diciendo era: "Cuando parezca imposible, cuando no veas una salida, la forma de estar animado y mantener tus expectativas es recordar lo que Dios ha hecho".

Así como les pasó a los israelitas, hemos visto con nuestros propios ojos esos tiempos cuando Dios hizo un camino. Usted pensó estar estancado, pero Dios abrió una puerta. Él hizo que alguien fuera bueno con usted. Enfrentó la pérdida de un ser querido, y pensó que nunca volvería a ser feliz, pero Dios lo sacó de ese pozo. Él cambió su lamento en baile.

Si va a vencer obstáculos, si va a alcanzar su más alto potencial, tiene que aprender a recordar. Con regularidad, debemos revisar las victorias mayores en nuestra vida. Recuerde cómo lo puso en el lugar correcto, en el momento correcto y conoció a esa persona y se enamoró. Recuerde cómo Él guardó su vida en ese accidente. Recuerde cómo el informe médico decía que usted no estaría aquí; pero hoy está vivo, fuerte y sano. Recuerde el día que su hijo nació. Recuerde cuando Dios le dio ese trabajo, cómo lo protegió y cómo conoció a la persona indicada.

Desarrolle este hábito de recordar lo que Dios ha hecho. Estos son los mejores pensamientos que le impulsarán hacia adelante en su futuro.

ORACIÓN PARA HOY

Padre celestial, gracias por la fortaleza y la esperanza que surge dentro de mí cada vez que recuerdo todo lo que has hecho en mi vida. Gracias por las veces incontables que hiciste un camino donde parecía no haberlo y abriste las puertas que parecían estar cerradas. No tendré temor, confiaré en ti. En el nombre de Jesús. Amén.

PENSAMIENTO PARA HOY

Cuando enfrenta tiempos difíciles y su sueño parece imposible, todas las voces dicen: "Nunca va a suceder". Solo recuerde. Vuelva a revisar sus victorias. Vuelva a vivir los momentos cuando Dios hizo un camino.

Día 3

Las misericordias de Dios

Lectura bíblica: Salmo 51

Por consiguiente, hermanos, os ruego por las misericordias de Dios que presentéis vuestros cuerpos como sacrificio vivo y santo, aceptable a Dios, que es vuestro culto racional.

ROMANOS 12:1, LBLA

Cuando el apóstol Pablo habla de "las misericordias de Dios" en la Escritura, él no usa el singular sino el plural. Cada uno de nosotros ha experimentado algunas de esas misericordias.

Cuando me acababa de casar, iba conduciendo en la autopista durante una gran tormenta y perdí el control de mi carro. Empecé a dar vueltas en círculo, atravesando diferentes carriles. Cuando levanté la vista, vi un camión de dieciocho ruedas que venía en mi dirección. En ese momento, yo iba contra la vía. Estábamos tan cerca que sentí como si pudiera tocar su rejilla frontal, y pensé: *Hasta aquí. Estoy acabado.* Y todo lo que pude decir fue "Jesús". Cuando usted está en ese tipo de problema, no tiene tiempo para oraciones largas. De alguna manera, ese gran camión no me chocó, y el piloto se estacionó a un lado. Salió de su cabina, se acercó a mi carro y cuando me vio a través de la ventana, sus ojos estaban bien abiertos. Dijo: "No puedo creer que no le pasé encima, pero en el último momento una gran ráfaga de viento empujó mi camión al otro carril". Él dijo que fue el viento; yo sé que fueron las misericordias de Dios.

Cuando nuestro hijo, Jonathan, tenía menos de un año estábamos en un barco con unos amigos. Él estaba en su cargador de bebé y lo pusimos sobre una banca en el barco. Mientras navegábamos, algo le susurró a Victoria: "Ve, agarra a tu hijo". Ella fue a donde estaba y agarró el cargador del bebé. Unos treinta segundos después, el barco golpeó contra una ola enorme y todo lo que no estaba amarrado salió volando por la borda. Jonathan pudo haber sido lanzado al agua si no hubiera sido por las misericordias de Dios.

Muchos de ustedes podrían decir, junto conmigo, que no estarían vivos si no fuera por las misericordias de Dios. Algunas de las cosas que ha hecho, la gente con la que solía andar, las drogas, el alcohol, manejar imprudentemente, los accidentes extraños, debieron haberlos matado. Sin embargo, Dios le mostró algunas de Sus misericordias; no solo una vez, sino una y otra vez.

ORACIÓN PARA HOY

Padre, gracias por todas las veces que me has mostrado una misericordia tan grande. Gracias porque me has protegido de accidentes y librado de peligros y de los errores que he cometido. Tus misericordias me han libertado del pecado. Declaro que son tus misericordias las que me mantienen a salvo todos los días. En el nombre de Jesús. Amén.

PENSAMIENTO PARA HOY

Usted no simplemente tiene suerte; no solo sigue ganándole a las probabilidades. Son las misericordias de Dios. De hecho, la razón por la que todavía está aquí, la razón por la que ese camión no pudo pasarle encima, la razón por la que esas drogas no pudieron matarlo, la razón por la que esa enfermedad no se lo llevó es porque Dios tiene un destino para usted. Él tiene una tarea que usted debe cumplir.

Día 4

Reconozca lo que
Dios ha hecho

Lectura diaria: Salmo 57

*Ten misericordia de mí, oh Dios, ten misericordia de mí; porque en
ti ha confiado mi alma, y en la sombra de tus alas me ampararé...*

SALMO 57:1

Yo recuerdo a principios de mis veinte años cuando entré a una joyería a comprar una batería para mi reloj. Yo estaba concentrado en mis propios asuntos cuando en eso, salió la joven más hermosa que jamás había visto. Era Victoria. Terminamos siendo novios por año y medio y ella no podía dejar de ponerme las manos encima, así que nos casamos. ¡Por lo menos, así es como yo lo recuerdo! Reconozco que ese encuentro no fue una coincidencia. Ese no fue un golpe de suerte. Ese fue Dios dirigiendo mis pasos, poniéndome en el lugar indicado en el momento indicado, y Él usó una batería para hacerlo. Cuando pienso en eso, me recuerda cómo Dios está a cargo de mi vida. Si Él estaba dirigiendo mis pasos en aquel entonces, yo sé que Él está dirigiendo mis pasos en este momento.

Quizá usted no debería tener el cargo que tiene en su trabajo. No era el más calificado, pero las misericordias de Dios se lo dieron a usted. O, quizás, esa enfermedad dijo que sería el final, pero las misericordias de Dios dijeron "No es tu tiempo". Cuando reconoce lo que Dios ha hecho, que a lo largo de toda su vida ha sido Su mano llevándolo a donde está, entonces es fácil honrar a Dios; es fácil estar agradecido. Es fácil servir, dar y ayudar a otros. Usted se da cuenta que donde está en la vida se debe a las misericordias de Dios.

Sabe que conduce un carro de misericordia. Vive en una casa de misericordia. Trabaja en un empleo de misericordia. No solamente se casó con alguien mejor que usted, se casó con misericordia. Quizá sintió que estaba a punto de tener un ataque de nervios, pero la misericordia llegó. Usted debería estar deprimido, pero la misericordia lo cambió. Usted podría estar en prisión, pero la misericordia lo mantuvo afuera. Quizá hasta trató de suicidarse, pero la misericordia lo mantuvo vivo. La misericordia le dio ese bebé. La misericordia le dio esa idea. La misericordia abrió esa puerta. No lo dé por sentado. Téngalo siempre presente.

Además, debería reconocer que es un hombre marcado o una mujer marcada. El Creador del universo tiene su mano sobre su vida. Mientras más pronto someta su voluntad a la de Él, mejor estará. Usted no está dejando nada. Está ganando propósito, su destino, una vida que Él ha diseñado, una vida más satisfactoria de lo que jamás haya imaginado.

ORACIÓN PARA HOY

Padre que estás en los cielos, gracias porque, en tu amor, me escogiste antes de que yo te escogiera a ti. Ayúdame a conservar tus misericordias presentes en mi mente. Rindo mi voluntad ante ti y creo que tú me diriges hacia adelante en la vida que has diseñado para mí. En el nombre de Jesús. Amén.

PENSAMIENTO PARA HOY

Las misericordias de Dios nunca se van a cansar de usted. El llamado del Señor es irrevocable. Él lo escogió antes de que usted pudiera escogerlo a Él. Usted lo ama porque Él lo amó primero.

Día 5

La bondad de Dios

Lectura bíblica: Salmo 129

(Qué hubiera sido de mi) hubiera yo desmayado, si no hubiera creído que había de ver la bondad del Señor en la tierra de los vivientes.

SALMO 27:13, LBLA (PARÉNTESIS AÑADIDO)

En el versículo de hoy, efectivamente, David estaba diciendo: "Si Dios no me hubiera mostrado algunas de Sus misericordias, yo no habría derrotado a Goliat. Sin las misericordias de Dios, no habría podido sobrevivir al rey Saúl cuando él trató de matarme en el desierto. No habría sido restaurado después de mi equivocación con Betsabé sin la misericordia de Dios".

Un joven me contó que él estaba en una fiesta con unos amigos y, accidentalmente, mezcló diferentes tipos de drogas. Tomó tantas que sus amigos pensaron que, definitivamente, iba a desmayarse o a tener convulsiones. Pero esas drogas no le hicieron efecto. Era como si hubieran perdido todo su poder. Me dijo: "Joel, soy un tipo con suerte". Le dije que es mucho más que suerte; son las misericordias de Dios.

El Salmo 129 dice: "Desde mi temprana juventud, mis enemigos me han perseguido, pero nunca me derrotaron". A veces, solo necesita agradecerle a Dios que usted todavía está aquí. El cáncer y la depresión no pudieron acabar con usted. Ese divorcio, los problemas legales, la bancarrota no pudieron acabar con usted. Quizá las personas negativas trataron de humillarlo, hicieron todo lo que pudieron para hacerlo ver mal, pero el mejor esfuerzo de ellos no fue lo suficientemente fuerte. Ellos no pudieron acabarlo.

Usted fue derrumbado, pero volvió a levantarse. Tuvo un revés o un rompimiento, pero sigue en el juego. Atravesó una pérdida, pero no se amargó, siguió avanzando.

Cuando mi padre era niño, cayó en una gran hoguera. Esa hoguera pudo haberle arrebatado la vida, pero el fuego no pudo acabarlo. Fue criado durante la Gran Depresión con casi nada, pero la pobreza no pudo acabarlo. Su primer matrimonio no funcionó, pero el divorcio no pudo acabar con él. Tuvo hipertensión la mayor parte de su vida, pero eso no pudo acabar con él.

A Dios se le llama el autor y consumador de la fe. Lo que Dios empezó en su vida, será Él quien lo termine y no una mala circunstancia, no una decepción, no una enfermedad. Dios es el consumador.

Oración para hoy

Padre, gracias porque tú eres el autor y consumador de mi fe. Gracias porque todo lo que viene contra mí para derrotarme no puede acabar conmigo porque tú has levantado una barrera para protegerme. Creo que tú terminarás la obra que estás haciendo en mi vida. En el nombre de Jesús. Amén.

Pensamiento para hoy

Dios tiene la última palabra. La gente no puede acabar con usted. Una mala circunstancia, la traición, el rechazo o la enfermedad no pueden hacerlo. Cuando el enemigo llega como un torrente, la Escritura dice que Dios levanta una barrera. Dios le pondrá un alto. Las fuerzas a su favor son mayores que las fuerzas en su contra.

Día 6

Lo que usted ni siquiera sabía

Lectura bíblica: Juan 10

Y yo les doy vida eterna; y no perecerán jamás, ni nadie las arrebatará de mi mano. Mi Padre que me las dio, es mayor que todos, y nadie las puede arrebatar de la mano de mi Padre.

JUAN 10:28–29

Quizá esté en un momento difícil. No se desanime. Solo recuerde los mares rojos que Dios ya separó en su vida. Recuerde cómo Dios lo libertó del faraón, por así decirlo. Él lo arrebató de una situación dañina. Él cerró esa puerta que hubiera sido un gran error. Él lo bendijo en esa posición que usted ni siquiera parecía merecer. Usted tiene historia con Dios. Ha visto Sus misericordias, no solo una vez, sino una y otra vez, presentes en su vida.

Necesita notificarle a ese cáncer: "Tú no puedes acabar conmigo. El Dios que formó el mundo con Sus palabras sopló Su aliento de vida en mí. Él controla el número de mis días". Notifique a la depresión, al temor y la ansiedad: "Ustedes no acabarán conmigo. Dios ha prometido que terminaré mi recorrido con gozo". No se desanime por causa de esas personas en la oficina que están tratando de humillarlo y hacerlo ver mal. Ellos no controlan su destino. No pueden detener el plan de Dios para su vida. Cuando esos pensamientos negativos vengan solo responda: "No te das cuenta con quién estás tratando. Soy un hijo del Dios Altísimo. No puedes acabar conmigo".

En tiempos del Nuevo Testamento, Saulo era uno de los mayores enemigos de la iglesia. Él se dirigía a Damasco con el permiso de la corte para arrestar a cualquier seguidor de Cristo. Los creyentes en Damasco ni siquiera lo sabían. Él iba a causarles tremenda angustia y dolor. Parecía inevitable. Sin embargo, de repente, una luz del cielo brilló sobre Saulo. La luz era tan fuerte que lo bajó de su caballo. En una milésima de segundo, Dios paró en seco al perseguidor y en el proceso, lo convirtió en apóstol.

Todos necesitamos darnos cuenta que hubo momentos en nuestro pasado cuando no sabíamos nada de ello, pero algo venía hacia nosotros: una mala circunstancia, un accidente, una enfermedad. Ya estaba en camino con sus derechos en mano. Debió de haber acabado con nosotros, pero Dios dijo: "No, no lo creo. Ese es Mi hijo, esa es Mi hija. Voy a detener eso". Un camión de dieciocho ruedas debió haberme eliminado, pero Dios sacó al camión del camino con un empujón. Ha habido muchas cosas de las que usted no sabía nada, pero Dios detuvo un cáncer, detuvo una traición o detuvo un rechazo. Todo fue tras bambalinas. Esas son las misericordias de Dios.

ORACIÓN PARA HOY

Padre celestial, gracias porque tú controlas el número de mis días y nada puede detener tu plan para mi vida. Gracias por las formas incontables en que me has protegido de cosas de las que ni siquiera estoy enterado. Me alegro de que tus misericordias me rodean. En el nombre de Jesús. Amén.

PENSAMIENTO PARA HOY

Necesita agradecer a Dios por lo que no pasó. Agradézcale por los enemigos que Él detuvo y de los cuales usted no sabía nada.

Día 7

Recuerde las cosas buenas

Lectura bíblica: 1 Crónicas 29

Tuyos, oh Señor, son la grandeza, el poder, la gloria, la victoria y la majestad. Todo lo que hay en los cielos y en la tierra es tuyo, oh Señor, y este es tu reino. Te adoramos como el que está por sobre todas las cosas.

1 Crónicas 29:11, ntv

Usted podría decir: "Joel, eso suena motivador, pero he tenido un montón de malas circunstancias y he atravesado una gran cantidad de decepciones. No me dieron el ascenso por el que trabajé tan duro. Esta persona se fue de mi vida". Este es el problema: usted está recordando las cosas malas. No encuentro un solo lugar en la Escritura donde se nos diga que recordemos nuestras derrotas, recordemos nuestros fracasos o que recordemos nuestras malas circunstancias. "Bueno, la empresa donde trabajaba me despidió hace veintisiete años. Eso no fue bueno". ¿Me permite decir esto con todo respeto? Es tiempo de superarlo. Deje de pensar en ello, deje de hablar de ello y deje de volver a vivirlo. Todo lo que está haciendo es deprimirlo. Usted está derrotándose a sí mismo. ¿Ha hecho Dios algo bueno por usted en los últimos veintisiete años? ¿Ha visto un ascenso, una sanidad, una señal de Su favor?

Empiece a recordar sus victorias, los momentos cuando Dios lo sanó, las veces que Él lo ascendió, las veces que Él detuvo los accidentes, las veces que Él le dio la vuelta a sus problemas. Cuando usted recuerda las cosas buenas, está avanzando en fe. Usted verá más del favor de Dios.

David dijo en el Salmo 34: "Que todos los indefensos cobren

ánimo". Luego continúa diciéndonos cómo hacerlo. En el versículo siguiente dice: "Vengan, hablemos de la grandeza del Señor. Oré, y el Señor me escuchó". Él estaba diciendo: "Cuando no vea una salida, venga y hablemos; no acerca de lo que no funcionó. No. Hablemos de la grandeza de Dios. Hablemos de sus oraciones respondidas. Hablemos de los mares rojos que han sido partidos".

Lo que usted diga en sus tiempos difíciles lo completará o lo desarmará. Si anda diciendo: "Nunca saldré de este problema. Sencillamente, es demasiado grande" quedará estancado. Dele vuelta y diga: "Dios, quiero agradecerte por tu bondad en mi vida. Gracias por darme este trabajo. Señor gracias por librarme de esta adicción". Cuando habla siempre de la bondad de Dios, no será defraudado ni desanimado. Tendrá alegría, una sonrisa en su rostro. Sabrá que Dios lo ha hecho por usted en el pasado, y Él lo hará de nuevo en el futuro.

ORACIÓN PARA HOY

Padre, tú eres la grandeza, el poder, la gloria, la victoria y la majestad en mi vida. Creo que cuando hablo de tu bondad y grandeza en mi vida, me pongo en posición para que tú hagas algo aún más sorprendente para tu gloria, para tu reino, para tu honra. En el nombre de Jesús. Amén.

PENSAMIENTO PARA HOY

Cuando usted piensa constantemente en lo que Dios ha hecho, cuando vuelve a vivir sus milagros, cuando siempre está sorprendido por su bondad, usted se posiciona a sí mismo para que Dios haga algo aún más sorprendente.

Día 8

Digno de exhibir

Lectura bíblica: Salmo 145

¡Qué bendición reciben los que viven cerca de ti…! Quedamos satisfechos con el alimento que de ti recibimos. Nuestro Dios y salvador, tú nos respondes dándonos la victoria.

SALMO 65:4–5, NBD

En su casa, un amigo mío tiene un pez espada grande sobre su chimenea, y un hermoso marlín azul sobre la pared a la par de su televisor. La primera vez que fui a su casa, pasé más de una hora yendo de cuarto en cuarto, asimilando todos sus trofeos de pesca. Él detallaba dónde y cómo los había pescado. Él ha pescado muchos peces pequeños, pero montó solamente los pescados grandes.

De la misma manera, Dios ha hecho muchas cosas grandes por nosotros. Él nos provee para las necesidades diarias y nos da fuerza, sabiduría y protección. Estamos agradecidos por Su bondad. Sin embargo, Dios quiere hacer algunas cosas en su vida que son dignas de exhibir, algunas cosas que son tan grandes, tan impresionantes, que usted querrá colgarlas sobre su pared, por así decirlo. Cuando la gente lo vea, usted tendrá algo que enseñar. "Esto es lo que Dios hizo en mi vida".

A mi madre le diagnosticaron cáncer terminal y le dieron pocas semanas de vida. Hoy, treinta y cinco años después, aún vive, sana y fuerte. A dondequiera que va, ella tiene algo de qué hablar, algo impresionante, algo fuera de lo común, un trofeo de la bondad de Dios. Usted puede mirar hacia atrás y ver las veces en que Dios hizo algo inusual en su vida. Quizá no debería vivir en la casa donde está ahora. No tenía los fondos, pero las cosas se arreglaron. Usted sabe que fue la mano de Dios. Eso es digno de exhibir.

Quizá usted luchó con una adicción. Estaba fuera de curso; pero, ahora, está sano, limpio, libre, siendo de bendición para los demás. Tal como lo es con mi madre, usted es un testimonio vivo. No tiene que buscar un milagro; usted es un milagro. Cuando necesite animarse, solo véase a sí mismo en el espejo. No debería estar donde está. Quizá todavía debería estar luchando, adicto, enojado, deprimido y solo, pero Dios en Su misericordia se presentó y dijo: "No estoy de acuerdo". Cuando parecía imposible, Él lo detuvo. Él le ha dado algo de qué hablar. Usted es un trofeo de la bondad de Dios. Esta es la clave: No permita que lo que una vez fue un milagro se convierta en algo común. No pierda el asombro por lo que Dios ha hecho.

ORACIÓN PARA HOY

Padre que estás en los cielos, gracias por todas las maravillas que has hecho en mi vida. Gracias por todo lo que puedo señalar y decir: Esto es lo que tú has hecho. Declaro que soy un trofeo de tu bondad. Me has hecho un milagro de tu gracia. En el nombre de Jesús. Amén.

PENSAMIENTO PARA HOY

A donde vaya, hable de la bondad de Dios; no jactándose de sí mismo, sino de lo que Dios ha hecho. Dios quiere darle algunas cosas nuevas para exhibir. Prepárese para el favor que no ha visto todavía, para la oportunidad, la influencia y el ascenso. Él tiene algo fuera de lo común, algo impresionante, un nuevo nivel dirigiéndose hacia usted.

Día 9

Entienda su historia

Lectura bíblica: Marcos 6

...pues no habían entendido el verdadero significado del milagro de los panes (cómo revelaba el poder y deidad de Jesús).

Marcos 6:52, lbla (paréntesis añadido)

En una ocasión, los discípulos habían visto a Jesús tomar cinco panes y dos pescados, orar sobre ellos y alimentar a unas quince mil personas. Solo unas horas después, ellos estaban en un barco, en el lago, cuando unos vientos fuertes descendieron repentinamente, y las olas eran muy altas. Los discípulos estaban preocupados por su seguridad cuando vieron a Jesús caminando sobre el agua. Primero, en lo más oscuro de la noche, pensaron que Él era un fantasma. Finalmente lo reconocieron y lo invitaron a entrar en su bote. Cuando Él llegó al bote, los vientos y las olas se calmaron inmediatamente. Ellos estaban aliviados, estaban bien.

Pero la Escritura nos da información de la razón por la que estaban tan preocupados. Dice: "Ellos no entendieron el milagro de los panes". Estaban tan estresados por las altas olas que olvidaron que antes, ese mismo día, habían visto con sus propios ojos uno de los más grandes milagros jamás registrados. Si tan solo hubieran recordado lo que Dios había hecho, si tan solo hubieran recordado el milagro, habrían permanecido en fe. Habrían estado tranquilos, sabiendo que todo estaría bien a pesar de las olas. Ellos no recordaron lo que Dios había hecho.

¿Está usted haciendo lo mismo que ellos? ¿Está permitiendo que sus circunstancias, un informe médico o una situación financiera haga que viva preocupado, estresado? ¿Por qué no empezar por entender sus milagros? Mire su pasado. Recuerde cuando Dios se hizo presente y, de repente, todo cambió. Vea en sus paredes y vuelva a vivir algunas de esas cosas memorables que Dios ha hecho.

¿Cómo va a vencer los faraones en su vida? ¿Cómo va a vencer esos grandes obstáculos? Dios le dice lo que les dijo a los israelitas: Solo recuerde. Usted tiene historia con Dios. Cada victoria que Él le ha dado no fue solo para ese momento; fue para que usted pudiera volver y usar eso como combustible para construir su fe. Si tiene su fe baja, necesita volver y obtener combustible. Está en sus victorias anteriores. No hable acerca de sus problemas; hable acerca de la grandeza de Dios.

Recuerde, el enemigo no puede acabarlo; Dios tiene la última palabra.

ORACIÓN PARA HOY

Padre, gracias por la historia que tengo contigo y por las misericordias que has mostrado en mi vida. Gracias porque recuerdo las victorias que me has dado y las uso como combustible para edificar mi fe. Creo que tú tienes la última palabra en todas las cosas. En el nombre de Jesús. Amén.

PENSAMIENTO PARA HOY

Si usted desarrolla este hábito de solo recordar, creo y declaro que Dios está por hacerse presente en su vida. Cuando piense mejor, vivirá mejor. Él le va a dar algo nuevo para exhibir. Usted ascenderá más alto, alcanzará sus sueños e irá a lugares que nunca imaginó.

Notas

Notas

_____

_____

_____

_____

_____

_____

_____

_____

_____

_____

_____

_____

_____

_____

Notas

Notas